# Encontro com YAHWEH

40 dias no Lugar Secreto

FELIPE MIRANDA

ILUSTRAÇÕES JULIANA MIRANDA

# *Encontro com* YAHWEH

## 40 dias no Lugar Secreto

parábola

Editor: MARCOS MARCIONILO
Direção: ANDRÉIA CUSTÓDIO
Preparação: SILVANA COBUCCI LEITE
Revisão: THIAGO ZILIO PASSERINI
Capa e diagramação: TELMA CUSTÓDIO

**CIP-BRASIL. CATALOGAÇÃO NA PUBLICAÇÃO**
**SINDICATO NACIONAL DOS EDITORES DE LIVROS, RJ**

M642e

Miranda, Felipe, 1992-
Encontro com Yahweh : 40 dias no lugar secreto / Felipe Miranda ; ilustração Juliana Miranda. - 1. ed. - São Paulo : Parábola, 2025.
168 p. ; 21 cm.

ISBN 978-85-7934-374-2

1. Literatura devocional. 2. Devoções diárias. I. Miranda, Juliana. II. Título.

CDD: 242.2
25-97358.0 CDU: 27-532.4

Meri Gleice Rodrigues de Souza - Bibliotecária - CRB-7/6439

Direitos reservados à
**PARÁBOLA EDITORIAL**
Rua Dr. Mário Vicente, 394 - Ipiranga
04270-000 São Paulo, SP
[11] 5061-9262
www.parabolaeditorial.com.br
parabola@parabolaeditorial.com.br



ISBN: 978-85-7934-374-2 (papel)
978-85-7934-373-5 (e-book)

# Sumário

# Prefácio

Há encontros que marcam a vida de uma pessoa para sempre, mas há um encontro que transforma, restaura e dá um novo significado à existência: o encontro com Deus.

Lembro-me da primeira vez em que ouvi algo sobre o Lugar Secreto. Ele parecia distante e inalcançável. Afinal, como encontrar Deus em meio ao caos da vida? Mas quando decidi parar tudo e apenas me render diante dEle, percebi que o Lugar Secreto não é apenas um espaço de solitude, mas um encontro profundo entre o coração humano e o Coração de Deus. Foi ali que descobri que Deus não está escondido, mas esperando que eu me aproxime e deseje ouvi-Lo mais do que ouvir minhas próprias inquietações.

É isso que este livro propõe: uma imersão genuína e profunda na presença de Deus. Não há espaço para superficialidade ou religiosidade vazia. Cada página é um convite a encontrar a verdade que liberta, a paz que excede o entendimento e o amor que cura feridas antigas.

Talvez você esteja carregando pesos que ninguém conhece ou tentando vencer batalhas que parecem maiores do que suas forças. Talvez, como eu, já tenha se perguntado onde está Deus em meio às tempestades. Foi no meio delas que eu O encontrei de forma mais profunda. Este livro não promete respostas fáceis, mas garante que, ao buscar a presença dEle, você encontrará descanso e direção.

Não espere encontrar fórmulas prontas ou roteiros definidos, pois cada encontro é único. Deixe que Deus surpreenda você e revele-se de maneira nova e poderosa. Que cada oração leve você a um nível mais profundo de entrega e intimidade; que cada lágrima derramada no Lugar Secreto seja regada com a certeza de que Ele está presente, ouvindo e agindo.

Minha oração é que esta obra seja um marco de uma nova estação em sua caminhada com Deus. Boa leitura, ou melhor, bom encontro com Ele!

**TALITHA PEREIRA**

Talitha Pereira é formada em Direito, Sociologia e Teologia. Autora best-seller com mais de 500 mil livros vendidos, palestrante internacional, empreendedora visionária e pastora sênior em sua igreja local. Esposa de Arthur e mãe de três princesas: Sarah, Laura e Helena

# Introdução

Este livro é um convite para mergulhar no Lugar Secreto! Entre todas as experiências e realizações possíveis nesta vida, nada é mais importante do que a presença de Deus e o cultivo de um relacionamento profundo e verdadeiro com Ele. Foi para isso que Jesus entregou Sua vida naquela cruz: para nos reconectar com Deus Pai. Ele nos concedeu o ministério da reconciliação, chamando-nos a viver em intimidade com o Criador.

Nosso desejo é que você aceite este convite para um propósito de 40 dias no Lugar Secreto. Cremos que, ao final dessa jornada, sua vida não será mais a mesma.

Um *Encontro com Yahweh* deixa marcas eternas! Como está escrito: "Somos transformados, de glória em glória, na sua própria imagem, como pelo Senhor, o Espírito" (2Coríntios 3:18).

## Quem é Yahweh?

Yahweh é o nome revelado de Deus no Antigo Testamento, especialmente usado para expressar Sua natureza eterna, autossuficiente e imutável.

O nome significa "Eu sou o que sou", indicando que Deus não depende de nada nem de ninguém para existir e que Sua presença é constante e eterna. Yahweh é o Deus que se revelou a Moisés no Monte Sinai, Aquele que sempre esteve e sempre estará com Seu povo. Ele é o Criador.

*O uso de YAHWEH em nosso livro enfatiza a intimidade de Deus conosco e a profundidade do relacionamento que Ele deseja ter com cada um de nós. Ele é o Deus que caminha a nosso lado em todos os momentos e nos chama para um relacionamento profundo e transformador.*

# Como usar este devocional?

Este é um guia para **40 dias de oração e desafios no Lugar Secreto.**

A cada dia, você encontrará uma oração ou desafio específico.

**Jornada diária:** Siga o plano proposto, vivendo cada desafio e oração com profundidade.

Orar é compartilhar com Ele nossas dores, alegrias, anseios e também ouvir Sua voz e direção para nossas vidas.

Jesus nos ensinou a importância da oração, sendo um exemplo perfeito de intimidade com o Pai. Ele se retirava constantemente para orar, mostrando que a oração não é uma obrigação, mas uma necessidade vital, que fortalece nossa conexão com Deus. Em várias passagens dos Evangelhos, vemos Jesus se retirando para lugares solitários a fim de orar:

> **"De madrugada, quando ainda estava escuro, Jesus levantou-se, saiu de casa e foi para um lugar deserto, onde orava"** (Marcos 1:35).
>
> **"Depois de se despedir deles, subiu ao monte para orar"** (Marcos 6:46).
>
> **"Mas Jesus retirava-se para lugares solitários e orava"** (Lucas 5:16).

A oração é a forma como cultivamos nossa relação com Ele, para sermos renovados e fortalecidos a cada dia.

Que este livro seja seu guia e companheiro durante esses 40 dias, ajudando você a desenvolver uma vida de oração autêntica e espontânea.

Ao se comprometer com este propósito, lembre-se de que Deus está esperando por você no Lugar Secreto, pronto para se revelar como seu Pai e o grande "Eu Sou".

**Leitura livre**: Explore os textos no seu próprio ritmo e contemple as ilustrações como inspiração.

Se, em algum momento, sentir a presença de Deus, **corra para o Lugar Secreto**.

Faça uma boa leitura e prepare-se para ser transformado!

Por que largam tudo por Ele?
Por que morreram e morrem por Ele?
Por que é tão amado e tão odiado?
Ele é Deus?
Quem é Ele?
Quem é Jesus?

Eu sou a Porta e o Caminho.
Eu sou o Pão e o Vinho.
Eu sou o Amor e a Justiça.
Eu sou o Começo e o Fim.
Eu sou o Verbo, a Verdade,
o Cordeiro e o Leão.

YAHWEH

# "EU SOU"

# Como este livro foi escrito

## No meio da crise

Escrevo este testemunho sentado na sala do meu apartamento — que, por sinal, não é mais nosso, pois precisamos entregá-lo até o final do mês. O aluguel está atrasado, e não temos mais móveis, apenas algumas almofadas e uma mesa com a foto do nosso filho. Minha esposa me enviou uma mensagem dizendo que o leite dele acabou, mas não temos dinheiro para comprar mais. Embora nosso casamento seja maravilhoso, estamos em crise. Ela foi para a casa da mãe para que eu pudesse terminar o livro no prazo que Deus me deu.

Estamos sem trabalho, sem dinheiro, com contas atrasadas, e até o leite do nosso filho acabou. Porém, minha fé permanece inabalável. Acredito que estou no caminho certo, porque escolhi obedecer ao que o Senhor me ordenou. Ele me pediu tudo, e eu dei. Serei obediente até o fim, mesmo nas circunstâncias mais difíceis.

Não estou sozinho. Ele está aqui comigo.

Fortaleza, 19/11/2024

## Como começou: o sonho adiado

Publicar um livro sempre foi o meu maior sonho. Por anos, tentei, mas as circunstâncias me impediram, e até Deus me pediu que esperasse. Depois de dois anos em missões na Floresta Amazônica, onde tivemos experiências extraordinárias com o Senhor, retornamos para Fortaleza, nossa cidade natal. Consegui um ótimo emprego no setor corporativo, gerenciando três empresas, e depois abri meu próprio negócio de consultoria. Além disso, entrei no mercado financeiro, e as coisas estavam indo muito bem: morávamos à beira-mar, meu negócio prosperava e as possibilidades de crescimento profissional eram grandes.

Mas tudo isso mudou de forma inesperada...

## Deus mudou tudo em um dia

Acordei com uma sensação estranha e, ao conversar com minha esposa, senti em Deus que era hora de dar um tempo na minha empresa de consultoria e focar no mercado financeiro. Ela sentiu o mesmo e foi a primeira frase que disse ao acordar. Então tínhamos a confirmação de que aquele era um direcionamento de Deus. Sempre soubemos que a nossa confiança está no Senhor, pois quando morávamos na floresta Ele nunca nos deixou faltar nada.

Decidi informar à empresa à qual prestava consultoria que estava encerrando o contrato. Fui ao banheiro e ouvi claramente a voz do Espírito Santo: “Não!”. Eu não sabia se era para não sair, não ficar ou não avançar, mas sabia que algo estava mudando. Durante a reunião, informei minha decisão, que foi muito bem recebida pela diretoria. Todos eram cristãos e, no final, ainda oraram por mim, me abençoando.

Porém, algo estranho aconteceu: três clientes do mercado financeiro desmarcaram suas reuniões com uma justificativa imprevista. Foi como um sinal de que Deus estava nos direcionando.

A caminho de casa, recebi uma mensagem de áudio de uma amiga missionária, Aryana, que temos como referência e alvo de admiração. Ela, sempre muito usada por Deus, já nos havia entregado várias palavras proféticas específicas e precisas. Eu sentia que Deus estava querendo falar algo importante comigo através dela, especialmente depois dos últimos acontecimentos.

> *"Não avance, pare! Deus quer que você pare! Você já fez tudo o que podia. Agora Deus vai agir.*
>
> *Vejo um caminho se abrindo, como um mar a dividir. No caminho, tinha uma árvore com um tronco forte. Será o caminho que você entrará. Agora é a hora de Deus agir.*
>
> *Deus pede para esperar n'Ele. Você já fez sua parte. Deus vai trazer muitas pessoas, e você verá o fruto da sua semente."*

Não tinha como negar que era uma ordem expressa de Deus para que eu parasse tudo.

A dúvida começou a surgir: qual era o próximo passo?

(23/10/2024)

## O livro dado no Lugar Secreto no mesmo dia

Fui para o Lugar Secreto, buscando entender o que Deus queria de mim. Foi aí que Ele falou: **"Você me pediu tempo para escrever um livro, e eu o dei. Esse é seu sonho. Então pare tudo e escreva sobre mim"**.

A crise de riso veio, pois jamais imaginaria que a missão seria essa: escrever um livro sobre Deus. Lembrei-me de que, dois meses antes, havia recomeçado a escrever um livro de contos, mas agora Deus me pediu para escrever sobre Ele.

Ele me disse: **"Eu o sustentarei"**.

A missão estava clara: *Encontro com Yahweh* seria o título, e minha esposa ilustraria. Deus me deu um prazo de um mês para escrever o livro.

(23/10/2024)

## Obediência pela metade é desobediência

Comecei a escrever, e os textos fluíam como uma correnteza. A cada palavra, era ministrado por Deus, e sentia Sua Presença de uma forma mais profunda do que nunca. Mas minha mente ainda estava dividida. Continuei indo ao trabalho no mercado financeiro e estava preocupado com as contas a pagar. Parecia que não confiava completamente na promessa de Deus: *"Eu o sustentarei".*

Foi então que o Senhor me fez um pedido que mudou tudo:

**— Eu quero a sua reputação.**

Eu já havia entregado minha vida e tudo o que tinha, mas dar minha reputação profissional foi um dos maiores desafios. Porém, confiando no Deus fiel, entreguei-a. Como resultado, todas as reuniões e negócios começaram a ser cancelados, e meu índice de cancelamento subiu drasticamente.

Obedecendo pela metade, eu estava em desobediência.

Foi quando decidi entregar completamente o que restava de minha confiança, para confiar exclusivamente na promessa que Ele me fez.

Dei o passo de entregar minha reputação, e a cada dia as portas se fechavam mais. Eu sabia que precisava obedecer a Deus por completo, mesmo que isso significasse renunciar ao mercado financeiro, onde tantas pessoas sonham estar.

Foi um momento doloroso, mas necessário. Encerrei minhas atividades na empresa pelo período determinado por Deus, até o dia de finalizar a escrita do livro.

A decisão estava tomada: Deus faria o que fosse melhor para nossa vida.

(07/11/2024)

## Os milagres

Durante o propósito de escrita deste livro, sem falar sobre nossa situação a ninguém, Deus usou pessoas para nos abençoar com comidas, ofertas e até fraldas para o nosso filho. Mesmo sem recursos financeiros, Ele nos sustentou de forma sobrenatural. Houve dias em que comemos apenas ovos, mas sempre felizes para a glória de Deus, sem murmurar, e recebíamos a provisão de fazer o mercado por alguém inesperado. Deus usando Sua mão.

Em um dos momentos mais difíceis, quando tínhamos apenas duas fraldas para nosso filho e ele estava com problemas no estômago, Deus usou amigos, que nos presentearam com pacotes de fraldas.

Acordamos com duas unidades de fraldas e dormimos com dois grandes pacotes. Esse é o nosso Deus. Mesmo sem recursos financeiros provenientes do meu trabalho, nada nos faltou.

Durante esse processo, sentimos que era o momento de sair do apartamento onde morávamos, que o tempo nesse lugar havia acabado. Recebemos uma mensagem de áudio de uma amiga querida, Estefânia, que também consideramos uma referência no ministério profético. Ela havia recebido de Deus a orientação de que deveríamos sair do apartamento, confirmando aquilo que já estávamos sentindo no coração. Assim, começamos a mudança de casa. Essa seria a nossa oitava mudança em apenas dois anos de casados.

## As guerras: testes e provas

O processo não foi fácil. Fomos testados e tivemos de nos esforçar para sermos aprovados por Deus. Como missionários, sabíamos que, em alguns anos, retornaríamos ao campo para cumprir nosso chamado: pregar o evangelho em países perseguidos.

Durante a escrita de cada texto, sentia Deus me rasgar, fazendo-me experimentar cada sensação dos personagens. Cada ponto final era escrito em lágrimas; parecia que eu estava sendo moído.

Enfrentamos doenças, conflitos e sentimos o inimigo tentando nos parar a todo custo, como um devorador à espreita, lançando constantemente dardos inflamados.

Mesmo assim, permanecemos firmes no propósito. Revestimo-nos da armadura de Deus, nos humilhamos e nos submetemos à Sua Presença, sabendo que, assim, o inimigo não poderia nos tocar.

## Último dia do propósito

O dia final chegou, e a situação parecia impossível: o aluguel estava atrasado e os recursos financeiros eram zero.

Nos ribeirinhos, onde morávamos, não havia aluguel, um bebê que dependia totalmente de nós, ou compromissos financeiros. Vivíamos em uma comunidade onde tudo era dividido entre todos. Ter de parar de trabalhar, morando em uma cidade grande e depender totalmente da provisão de Deus, era extremamente desafiador.

A proprietária do imóvel havia cobrado o restante do aluguel que faltava e disse que só poderíamos fazer a mudança após pagar R$500,00. Pela fé, acordamos e empacotamos o restante das nossas coisas que estavam no apartamento.

Enquanto empacotávamos, uma amiga enviou uma mensagem dizendo para não temer, pois Deus iria prover tudo, junto com uma oferta de R$50,00 para fraldas. Grato, porém era insuficiente, pois elas custavam mais que isso. Ao descer do estacionamento para deixar as caixas, encontrei mais R$50,00 no chão. Depois de confirmar que não eram de ninguém, percebi que Deus havia suprido exatamente o que faltava para a compra das fraldas.

Comemoramos os milagres, e declarei com fé:

— Até o final do dia, vamos pagar o restante do aluguel.

Ainda naquela manhã, recebemos R$600,00 de um amigo. Deus mostrou que, quando os recursos humanos acabam,

Ele realiza o impossível. Pagamos o aluguel, quitamos as dívidas e cumprimos o propósito.

(23/11/2024)

## Única porta aberta: estratégia do devocional

Quando o prazo de Deus terminou, pensei que, ao voltar para o mercado financeiro, tudo voltaria a fluir. Mas as portas continuavam fechadas. Então, Deus me deu uma oportunidade de trabalhar por um período em uma loja de roupas cristãs de um casal de amigos, o que ajudou nas nossas despesas.

O público era cristão, e ali Deus me conectou com várias pessoas e igrejas. Durante esse tempo, percebemos que Ele havia nos dado 40 textos que nos inspiraram a orar. Então entendemos que não deveriam ser apenas textos e ilustrações, mas um devocional com desafios e orações, conduzindo as pessoas a uma busca mais profunda por Deus.

(dezembro/2024)

## Fim do deserto

No começo desse mês de fevereiro, após cinco longos meses, Deus nos disse que o deserto havia chegado ao fim. No dia seguinte, tudo começou a mudar. Em apenas três dias, Deus proveu o total de R$2.695,00, nos dando também a possibilidade de abençoar financeiramente outras pessoas. Estávamos vendo o tempo de a escassez chegar ao fim de uma forma extraordinária, assim como tudo o que o nosso Deus faz.

Estávamos literalmente vivendo este livro, as orações vindas de experiências reais — renúncias, provações até o desafio de bendizer aqueles que nos maldizem.

(07/02/2025)

## A verdadeira recompensa

As portas da empresa no mercado financeiro continuavam fechadas. Tentei sair, mas Deus me impediu e disse:

**— Uns plantam, outros regam e outros colhem. Você apenas plantará.**

Entendi que minha missão era semear, então comecei a falar de Jesus e a demonstrá-Lo em atitudes, refletindo o caráter de Cristo ao persistir, mesmo nos momentos difíceis.

Um dia, pedi a Deus que me mostrasse quem Ele queria alcançar naquele lugar, e Ele me direcionou a três pessoas. Uma delas era Thais, uma das consultoras financeiras. Ao falar do amor de Jesus para ela, fiquei surpreendido ao descobrir que ela já esperava uma resposta de Deus. Ela e o marido, vindos de Recife, estavam prestes a voltar para lá devido a situações que estavam enfrentando.

Após evangelizá-los, vimos ambos se renderem ao Senhor entregando suas vidas a Jesus Cristo.

Então, finalmente, entendi que meu tempo na empresa havia se encerrado. Minha missão de plantar Jesus naquele lugar estava cumprida, e os alvos foram atingidos. Não colhi o que esperava, pois pensei que o fruto seria financeiro, mas ele era muito melhor do que eu imaginava: eram pessoas. Dois filhos amados se reconciliaram com o Pai — e isso me bastava.

## Conclusão: a Graça de Deus

Esse livro não é apenas um relato de obediência, mas uma prova da fidelidade de Deus. Em cada palavra escrita, Ele estava conosco, sustentando-nos, guiando-nos e cumprindo Sua promessa de que nunca nos faltaria nada. *Encontro com Yahweh* é fruto de uma jornada de fé, na qual vimos milagres e aprendemos a confiar completamente no Senhor.

“MAS, QUANDO VOCÊ ORAR,
VÁ PARA SEU QUARTO,
FECHE A PORTA E ORE A SEU PAI,
QUE ESTÁ EM SECRETO.
ENTÃO SEU PAI,
QUE VÊ EM SECRETO,
O RECOMPENSARÁ.”

(MATEUS 6:6)

Boa leitura, ou melhor,
bom encontro com Ele.

1º encontro

# Detalhes

Eu sou o Deus dos detalhes.

Transformo o pó em homem, sei o número exato de cada fio de cabelo e o nome de cada estrela dos céus. Cada grão de areia eu também conheço.

Há sonhos que entrego ao nascer; eles fazem parte do propósito. Como amo ouvir cada um deles sair da sua boca.

Sua animação me alegra. Sou Pai, se aceite como filho e compartilhe os sonhos comigo.

**Quando você está prostrado nos tornamos um só.**

Amo contemplar os detalhes. Me importo com eles, gosto de ouvir cada um. Conte-me qual o gosto do café da manhã de hoje e o que pensou ao acordar.

Deixe-me ser seu último pensamento ao dormir.

A intimidade vem dos detalhes, porém a intimidade profunda só provém dos pequenos detalhes.

**Mateus 10:30**: "E até mesmo os cabelos da vossa cabeça estão todos contados".

**Jeremias 33:3**: "Clame a mim e eu responderei e direi a você coisas grandiosas e insondáveis que você não conhece".

**Mateus 7:7-8**: "Peçam, e lhes será dado; busquem, e encontrarão; batam, e a porta será aberta para vocês. Pois todo o que pede, recebe; o que busca, encontra; e àquele que bate, a porta será aberta".

# orAÇÃO

Compartilhe com Deus um pequeno detalhe, algo íntimo e único sobre você, algo que nunca disse a Ele. Abra seu coração com sinceridade, sabendo que Ele se importa profundamente com os pequenos detalhes.

## 2º encontro

# UTI

— Ele está perdendo os sinais vitais, doutor!

— Um, dois, três... tragam o desfibrilador!

Os sons iam ficando cada vez mais distantes. A luz desapareceu. Sentia meu corpo queimar, mas, ao mesmo tempo, tudo estava frio... Era o meu fim. O barulho das máquinas diminuiu, e meu corpo parou de tremer. Tudo ficou escuro. Tudo sumiu.

Uma luz brilhou ao longe...

— Filho... — chamou um homem vestido de branco, vindo em minha direção.

— Eu morri? Aqui é o paraíso? — perguntei, sem conseguir olhar para o seu rosto. — Ou é o julgamento?

O homem de branco riu.

— Eu sou Aquele que você ignorava na porta da igreja todo domingo. Aquela criança que sorria para você, no parque, ao final da tarde, tentando chamar sua atenção. Eu sou aquele homem a quem você bateu a porta na cara, quando queria lhe dar uma mensagem de esperança.

— Quem é você? — perguntei, com lágrimas nos olhos, já sabendo a resposta.

## "EU SOU"

Um vento suave soprava e sussurrava seu nome.

— Você é tão amado... eu o desejo tanto. Estive no seu casamento, no nascimento do seu filho, mas você nem notou. Aliás, nunca me nota. Mesmo assim, eu estava lá.

— Me perdoe! — exclamei, aos prantos. — Você disse que eu nunca voltaria, mas agora voltei para você. Me deixe voltar e fazer tudo diferente!

Ele me olhou com um amor tão profundo, tão puro, que nunca senti na vida. Fui inundado, preenchido por uma paz inexplicável. Nada mais fazia sentido — todos os bens, tudo o que eu havia conquistado. Nada. Só queria Ele.

— Não, me deixe ir com você! — clamei, estendendo meus braços para tocá-lo.

Ele brilhava tanto, mais que o sol. Era glorioso.

— Agora você está pronto, porque me conheceu verdadeiramente. Eu sou a vida. Bem-aventurados aqueles que acreditam sem ver — disse o homem de branco, se aproximando. — Diga a todos que eu voltarei.

— *YAHWEH*. — Dei um sopro de vida quando Ele me tocou.

* * *

Ele está voltando...

— Sinais vitais normalizados, doutor!

— Parabéns, doutor, o senhor conseguiu! — todos comemoravam e agradeciam ao médico.

Ele olhou para uma senhora, técnica de enfermagem, que o apresentara a Jesus.

— Foi o Médico dos médicos — disse ele, sorrindo.

Os dois sorriram, olhando para o alto.

**Jeremias 31:3** "O Senhor lhe apareceu no passado, dizendo: 'Eu a amei com amor eterno; com amor leal a atraí'".

**Mateus 9:12** "Ouvindo isso, Jesus disse: 'Não são os que têm saúde que precisam de médico, mas sim os doentes'".

**Salmos 103:3** "Ele é quem perdoa todos os seus pecados e cura todas as suas doenças".

# orAÇÃO

Este livro desafia você a buscar a Deus de maneira mais profunda através do jejum. Pesquise diferentes tipos de jejum e escolha o que for mais adequado a você. Que esse tempo de consagração torne seu coração mais sensível à voz do Senhor.

**Ore:** Senhor, cura-me e livra-me de toda instabilidade espiritual, abre meus ouvidos para ouvir Tua voz e meus olhos para perceber Tua presença em cada detalhe da minha vida. Infunde em meu coração o desejo genuíno de estar contigo a cada momento, assim como diz Tua Palavra em Salmos 34:18: "O Senhor está perto dos que têm o coração quebrantado e salva os de espírito abatido". Amém!

## 3º encontro

# Sabedoria

O homem corre atrás da riqueza e a perde por falta de sabedoria. Procura o "amor verdadeiro", mas trai os próprios princípios. Sente-se vazio, mesmo cercado por uma multidão. Perde-se enquanto busca se encontrar.

A sabedoria humana é loucura para Deus, mas o homem insiste em acreditar que pode fazer tudo sozinho. Porém, o "sábio" deste mundo se cala quando uma senhorinha, sem títulos ou diplomas, mas cheia de Deus, abre a boca.

— De onde vem sua sabedoria? — perguntam a ela.

Ela fita os céus.

— Vem dEle.

**1Coríntios 1:19a** "Porque a sabedoria deste mundo é loucura diante de Deus".

**Tiago 1:5** "Se algum de vós tem falta de sabedoria, peça a Deus, que a todos dá liberalmente".

**1Coríntios 1:27** "Mas Deus escolheu as coisas loucas deste mundo para confundir as sábias; e Deus escolheu as coisas fracas deste mundo para confundir as fortes."

João 1

# orAÇÃO

Busque, em primeiro lugar, a sabedoria que vem do alto, do Pai. Alimente-se da Palavra. Em seguida, pesquise e escolha três livros que expandam seu conhecimento e sabedoria, cada um abordando a saúde do corpo, da mente e do espírito.

**Ore**: Senhor, concede-me sabedoria para fazer as escolhas certas; que Tua poderosa mão esteja em todas as áreas da minha vida, guiando-me sempre em Tua perfeita vontade. Que eu possa ouvir Tua voz em cada decisão e confiar que Tu me direcionarás para o melhor, assim como diz Tua Palavra em Tiago 1:5: "Se algum de vós tem falta de sabedoria, peça-a a Deus, que a todos dá liberalmente sem reprovar ninguém, e ser-lhe-á dada". Amém!

## 4º encontro

# Perdão

Cacos de vidro espalhados pelo chão dentro de um quarto escuro ferem quem os pisa. O vidro é transparente; não se vê, mas se sente. Corta a pele ao tocar. É diante dessa imensidão de cacos, ferindo e cortando, que se morre. O vidro penetra na pele e é difícil de remover, pois rasga ainda mais.

A falta de perdão é como vidro: corta, fere, penetra, rasga, ferindo quem se aproxima. A falta de perdão é transparente; não se vê, mas se sente. Corta a alma. É diante dessa imensidão de rancor, ferindo e cortando, que se morre.

Mas, quando permitimos que o Autor do perdão retire cada estilhaço, sentimos o alívio da ferida curada. E Ele traz a luz para um quarto que um dia foi escuro.

O rancor é vidro. Jesus é luz.

**Mateus 6:14-15** "Pois, se perdoarem as ofensas uns dos outros, o Pai celestial também lhes perdoará. Mas, se não perdoarem uns aos outros, o Pai celestial também não perdoará as ofensas de vocês".

**Mateus 18:21-22** "Então Pedro se aproximou de Jesus e perguntou: 'Senhor, quantas vezes devo perdoar meu irmão quando ele pecar contra mim? Até sete vezes?' Jesus respondeu: 'Eu lhe digo: não até sete, mas até setenta vezes sete'".

**Efésios 4:31-32** "Livrem-se de toda amargura, ira e indignação, de gritos e blasfêmias, bem como de toda malícia. Sejam bondosos e compassivos uns com os outros, perdoando-se mutuamente, assim como Deus os perdoou em Cristo".

# orAÇÃO

Este livro o desafia a entrar em contato com alguém e pedir perdão. Além disso, encorajamos você a orar a Deus e liberar o perdão a todas as pessoas que um dia já o feriram, para ser verdadeiramente livre.

## 5º encontro

# Mãe

— Não é justo, ele deveria morrer! — a mulher saiu aos prantos enquanto era puxada pelos braços.

— Precisamos sair daqui agora, Ada! — Mara tentava escapar da multidão.

A multidão estava alvoroçada:

— Crucifica-o! — os gritos vinham de todos os lados. Ao redor do palácio, o mar de gente parecia não ter fim. Os que estavam atrás gritavam sem saber o real motivo; eram apenas atiçados pelo calor da multidão.

Nas horas que se passaram, não se falava de outra coisa: o criminoso estava na rua. Um homem estava sendo chicoteado e, em breve, seria crucificado.

Tempos depois, a mãe ainda estava inconsolável.

— Ele matou meu filho, Mara. É um assassino, deveria morrer — disse Ada, inconsolada, enquanto ajustava o véu.

— Deus é justo e sabe o que faz — respondeu Mara, tentando consolar a amiga.

Ada perdera seu filho, assassinado por um ladrão e homicida. O que trazia um pouco de conforto era ir ao templo, onde o povo se reunia, mas elas foram impedidas pelo tumulto da multidão.

— Arrependei-vos, e cada um de vós seja batizado em nome de Jesus Cristo... — Os gritos de um homem chamado Pedro ecoavam ao longe.

A mensagem daquele homem sobre arrependimento e perdão encheu o coração do povo de esperança. Três mil acei-

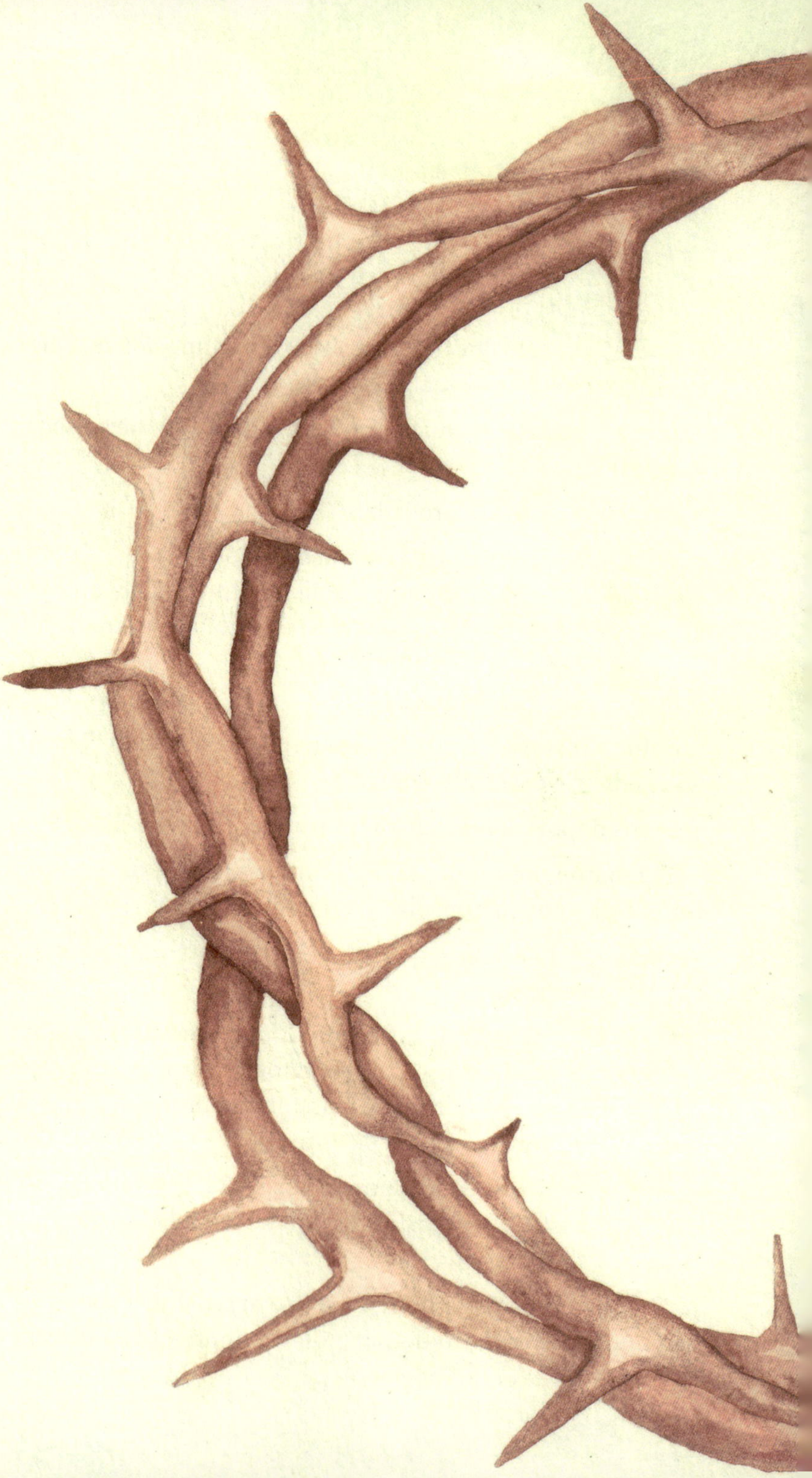

taram sua palavra, especialmente Ada, que saiu tomada por algo que nunca havia sentido em sua vida.

No retorno para casa, Ada deparou-se com ele, aquele que um dia tirara a vida de seu filho. O que antes era um sentimento de ódio e rancor foi substituído pela misericórdia e pelo amor que acabara de receber.

— Você não me conhece — disse a mulher, olhando profundamente nos olhos daquele homem. — Eu torcia para vê-lo na cruz.

Os olhos dele transmitiam maldade e desdém.

— Mas eu perdoo você, Barrabás, em nome de Jesus, o Cristo — disse Ada ao assassino de seu filho.

O sorriso de desdém daquele homem foi desaparecendo à medida que ele ouviu aquele nome. Lembrou-se dos crimes que cometera e de que estava destinado à cruz.

— Jesus... o Cristo. Disse ele, descobrindo quem realmente era o homem que morreu em seu lugar.

**Marcos 15:7**: "Havia um, chamado Barrabás, preso com amotinadores, os quais em um tumulto haviam cometido homicídio".

**Atos 2:38**: "Respondeu-lhes Pedro: 'Arrependei-vos, e cada um de vós seja batizado em nome de Jesus Cristo para a remissão de vossos pecados, e recebereis o dom do Espírito Santo'".

**Mateus 5:44**: "Eu vos digo, porém: 'Amai vossos inimigos, bendizei os que vos maldizem, fazei bem aos que vos odeiam, e orai pelos que vos maltratam e vos perseguem'".

# orAÇÃO

Sonde seu coração e, diante de Deus, ore por aqueles que lhe causaram algum mal. Peça ao Senhor que cure seu coração e, declare palavras de bênçãos sobre essas pessoas.

6º encontro

# Paz

A paz que Jesus nos traz não é circunstancial, não depende do externo. O barulho de uma mente agitada aquieta-se quando Ele está presente. Ele nos faz andar sobre águas turbulentas, acalmando o mar agitado de nosso coração.

A paz que excede todo entendimento! Vemos sentido no caos e encontramos a porta de saída do abismo.

Mas, sem Ele, o caos é apenas caos, a guerra, apenas ruínas.

**A paz sem Jesus não é paz.**

**João 14:27**: "Deixo-vos a paz, a minha paz vos dou; não vo-la dou como o mundo a dá".

**Filipenses 4:7**: "E a paz de Deus, que excede todo o entendimento, guardará os vossos corações".

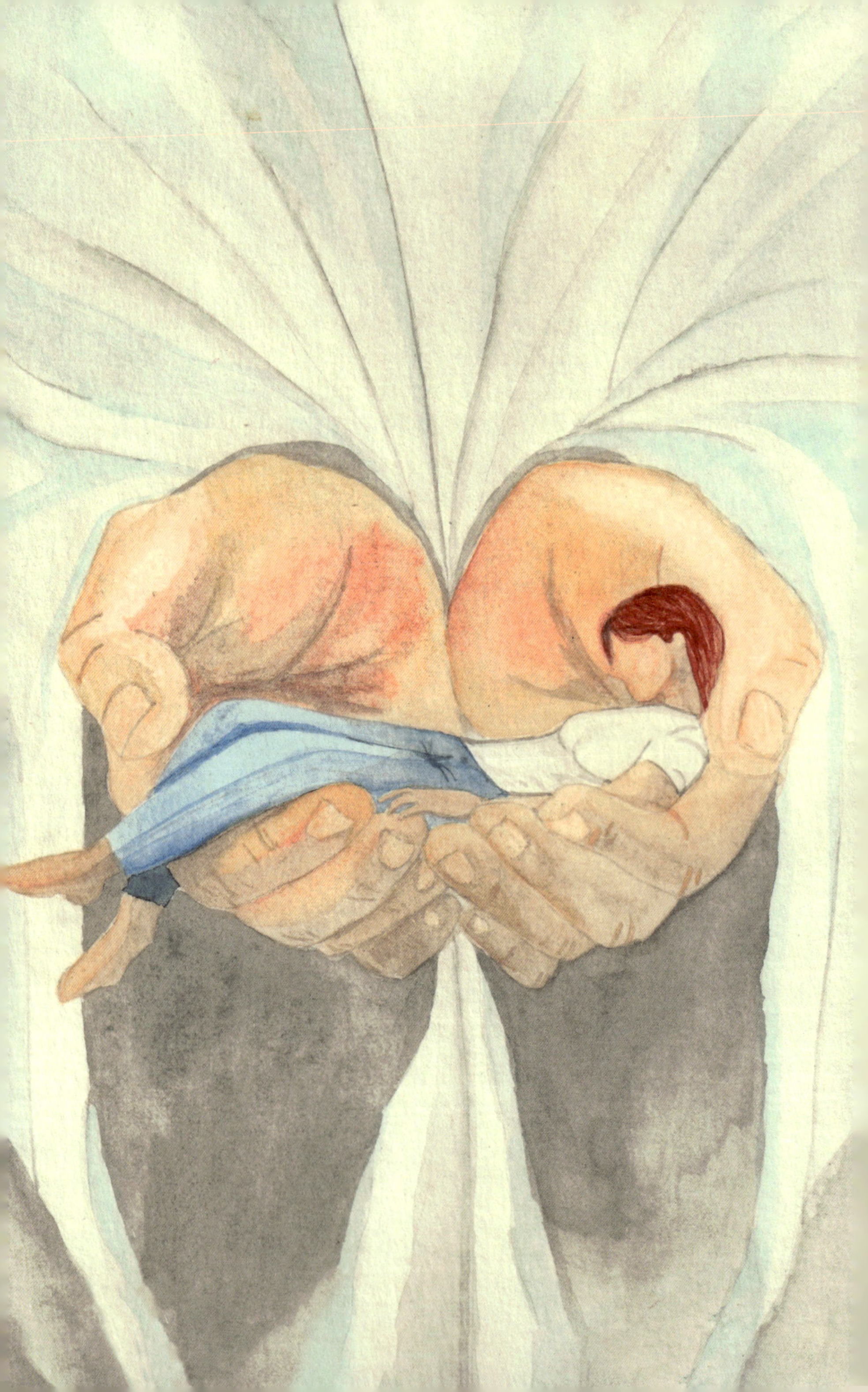

# orAÇÃO

Abra seu coração a Deus e compartilhe com Ele tudo o que tem roubado sua paz. Aguarde o direcionamento dEle, só saia do Lugar Secreto quando sentir a paz pairar sobre aquilo a respeito do qual você orou.

## 7º encontro

# Morada

Uma grande porta se abriu, imensa como uma muralha. Trabalhadores, adornados com suas coroas, passavam com um sorriso no rosto; outros, corriam à sombra da árvore chamada Vida. Leões brincavam livremente com as ovelhas.

No leste, viam-se moradas douradas. No oeste, vastos campos exibiam todas as espécies de frutas. Alguns moradores lançavam pedras de rubi para serem colhidas; outros apenas estendiam uma mão, e os frutos vinham até eles. Parte desses frutos havia sido criada naquela mesma manhã.

No rio que fluía do Trono, multidões se banhavam. Águas cristalinas revelavam o fundo, onde peixes nadavam entre os pés dos banhistas. Às margens, Isaías conversava com Pedro, enquanto Davi e João Batista disputavam uma corrida para ver quem atravessava primeiro.

Havia apenas uma melodia. Pássaros, anjos e filhos entoavam a mesma canção: "**Santo, Santo, Santo é o Senhor**".

Cantavam em direção ao Sol que brilhava eternamente: o Trono onde Deus estava assentado, contemplando todas as coisas que havia criado.

O plano inicial, enfim, estava completo: o Éden e a Nova Jerusalém haviam se tornado um só: a Eterna Morada.

**João 14:2-3**: "Na casa de meu Pai há muitas moradas. Se assim não fora, eu vo-lo teria dito. Pois vou preparar-vos lugar. E, quando eu for e vos preparar lugar, voltarei e vos receberei para mim mesmo, para que, onde eu estou, estejais vós também".

**Tiago 1:12:** "Bem-aventurado o homem que persevera na provação, porque, depois de aprovado, receberá a coroa da vida que o Senhor prometeu aos que o amam".

**Gênesis 1:31:** "E Deus viu tudo o que havia feito, e tudo havia ficado muito bom".

# orAÇÃO

Você tem plena certeza da sua salvação? Tire um momento para orar e pedir a Deus essa convicção. Pergunte ao Senhor o que precisa ser transformado em sua vida para que essa certeza seja inabalável.

**Ore**: Senhor, dá-me a certeza da salvação, para que eu possa desfrutar de tudo o que Tu preparaste para aqueles que receberão a coroa da vida. Que eu possa viver com a segurança de que, em Ti, tenho a promessa de uma eternidade a Teu lado para sempre. Amém!

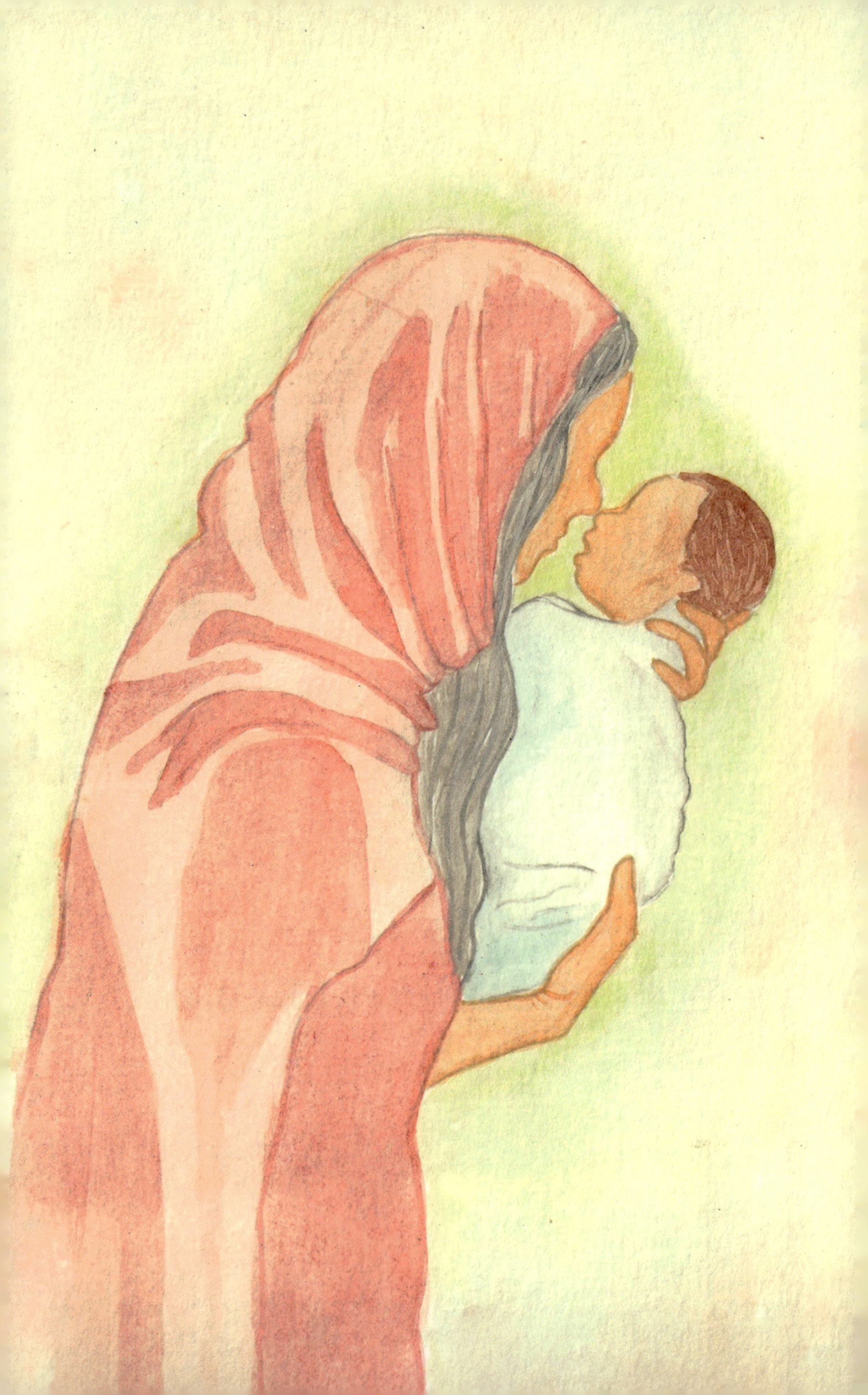

8º encontro

# Fé

Homens de pouca fé! Sempre à espera de recursos humanos, das respostas daqueles que só enxergam até onde a vista pode alcançar.

Não sou Eu o Deus que sabe do fim desde o princípio? Nenhuma força humana abre o mar para o povo passar com os pés em seco, mas Eu o fiz. Nenhum homem traz de volta o fôlego de vida, pois fui Eu, o seu Deus, quem o deu.

Homens são apenas homens. Que o ventre estéril de Sara lhe sirva de testemunho de que Eu, o seu Deus, fiz surgir uma grande nação — da qual hoje você faz parte. Uma nação surgiu de um ventre estéril. Um filho de uma virgem. O maná que caiu do céu.

**Quando os recursos humanos se esgotam, Eu, o seu Deus, faço o milagre.** O milagre provém da fé, homem de pouca fé.

**Hebreus 11:1**: "Ora, a fé é a certeza de coisas que se esperam e a prova das coisas que não se veem".

**Hebreus 11:11-12**: "Pela fé, Abraão, e também a própria Sara, apesar de estéril e avançada em idade, recebeu poder para gerar um filho, porque considerou fiel aquele que lhe havia feito a promessa."

**Mateus 19:26**: "Jesus olhou para eles e respondeu: 'Para o homem é impossível, mas para Deus todas as coisas são possíveis'".

# orAÇÃO

É hora de colocar sua fé em ação! Busque a Deus em oração, peça direção e dê um passo unicamente possível pela fé. Plante sua semente e confie no Deus do impossível!

**Ore**: Senhor, concede-me o dom da fé, para que eu viva com ousadia no Teu sobrenatural e confie plenamente em Tuas promessas, sem deixar espaço à menor dúvida. Fortalece meu coração para confiar completamente no Teu poder, assim como Tua Palavra diz em Mateus 17:20: “Se tiverdes fé como um grão de mostarda, direis a este monte: ‘Passa daqui para lá’, e ele passará; e nada vos será impossível”. Amém!

## 9º encontro

# Tentação

Caminhava um homem. Suas vestes, antes brancas, agora estavam cinzentas e pretas, sujas de impureza e imoralidade.

Mais uma vez, seus passos levavam à sala do Trono. Cambaleava, cansado de andar, cansado de fugir e de sempre voltar ao mesmo lugar.

— Ó Rei dos reis, por que não arrancas esse pecado de mim com Tua mão poderosa, que faz milagres? — a voz tremia enquanto se prostrava diante do trono — Sempre peço perdão... e sempre volto a pecar.

O Rei o olhou atentamente. Havia verdade em suas palavras.

— Se Eu tirasse o pecado por completo... será que teu coração, cheio de cobiça, não voltaria a pecar no mesmo dia?

O homem abaixou a cabeça, prostrou-se ainda mais.

— Ensinar-te a vencer a raiz do mal é mais poderoso do que simplesmente arrancá-lo de ti — continuou o Rei, com sabedoria e bondade.

— Que devo fazer, meu Rei? — perguntou o homem, ainda prostrado.

— **Não espere o milagre. Fuja da tentação.** Com o arrependimento verdadeiro, suas vestes se tornarão brancas novamente.

Leve, o homem saiu pulando de alegria.

— Mais uma coisa — continuou o Rei. — **Vai e não peques mais.**

**1Coríntios 6:18-20** "Fujam da imoralidade sexual! Nenhum outro pecado afeta o corpo como esse, pois a imoralidade sexual é um pecado contra o próprio corpo".

**Mateus 26:41** "Vigiem e orem para que não cedam à tentação, pois o espírito está disposto, mas a carne é fraca".

**Salmos 32:5** "Confessei-te o meu pecado, e a minha maldade não encobri. Dizia eu: Confessarei ao Senhor as minhas transgressões; e tu perdoaste a maldade do meu pecado".

# orAÇÃO

Este livro desafia você a, primeiramente, orar a Deus e confessar todo pecado sexual, se houver, pedindo perdão e libertação. Após isso, busque uma liderança cristã de confiança e compartilhe sua confissão com ela, para que possam caminhar juntos na cura e restauração. Que o Senhor traga liberdade e transformação, conforme Sua graça e misericórdia.

## 10º encontro

# Eu existo

Fujo mais uma vez... é a décima fuga. Enquanto corro, vejo o guarda me encarando. Seu olhar é de pena.

“De novo?”, pensa ele.

Deixo a esperança para trás e me lanço nos braços do prazer momentâneo, da ilusão.

Me chamo Henrique, mas poderia ser João ou Zé. Não faz diferença. Na rua, eu não sou ninguém. Sou invisível. Fingem que não me veem. Mas eu existo. Só me notam quando seus pertences vêm parar em minhas mãos — um ato desesperado para me alimentar. Ou melhor, para alimentar o vício que eu tenho... ou será ele que me tem?

Eu não tenho mais nada: nome, família, dignidade, futuro... sobrevivo me arrastando como um zumbi. Suplico por socorro, mas os sinais são invisíveis. Quem decide conscientemente viver assim?

De vez em quando, uma senhora me dá um pedaço de pão. Um jovem me oferece o resto de seu suco. Alguns domingos, o povo de Deus aparece com sopa. “Jesus o ama”, dizem sempre.

Sou letrado. Tenho duas faculdades. Falo três línguas. Sei qualquer versículo da Bíblia, pode perguntar.

“Porque Deus amou o mundo de tal maneira, que deu seu Filho unigênito, para que todo aquele que nele crê não pereça, mas tenha a vida eterna.”

— Eu creio — sussurro, enquanto a droga faz efeito no meu corpo.

**“Será que Ele ainda me ouve?”**

Em uma ação policial, nos acordam, tirando-nos de frente da loja onde dormimos — eu e mais seis.

— Henrique.

De cabeça baixa, levanto o olhar. Nem lembrava que tinha nome.

— Não se lembra de mim? Eu era só um garoto quando você me evangelizou. E olha, realizei meu maior sonho — diz o policial, enquanto me abraça. — Vamos, eu vou levá-lo a uma clínica.

— NÃO! — grito, balançando a cabeça. — Já fugi dez vezes. Não tem mais chance para mim.

— Você foi o homem de Deus com a maior fé que já conheci. Foi você quem me apresentou Jesus — continua ele. — Hoje era meu dia de folga, mas ontem, enquanto orava, Deus me mostrou você e sua oração. Ele me enviou aqui para ser a resposta.

— **Ele me ouviu. Não me abandonou.** Eu... Eu existo... EU EXISTO! — grito com lágrimas nos olhos.

Havia esquecido como era ser sedento por Deus. Esquecido de como pregava Seu amor nas ruas e praças. Agora, por más influências e decisões erradas, comia migalhas e restos... enquanto o Senhor preparava um banquete para mim. Achava que nunca cairia. Mas sem Cristo, não sou nada.

— Me perdoa, Senhor, por me afastar dos Teus caminhos — clamo de joelhos.

Decidi ir com o filho que o Senhor enviou, lembrando que Aquele que começou a boa obra é fiel e justo para completá-la até o fim. Dessa vez, com a certeza de que não fugiria novamente.

**Salmos 34:17-18**: "Os justos clamam, o Senhor os ouve e os livra de todas as suas tribulações. O Senhor está perto dos que têm o coração quebrantado e salva os de espírito abatido".

**Mateus 25:35-36**: "Pois eu tive fome, e vocês me deram de comer; tive sede, e vocês me deram de beber; fui estrangeiro, e vocês me acolheram; necessitei de roupas, e vocês me vestiram; estive enfermo, e vocês cuidaram de mim; estive preso, e vocês me visitaram".

**Romanos 8:19**: "A ardente expectativa da criação aguarda a revelação dos filhos de Deus".

# orAÇÃO

Este livro desafia você
a ser a resposta da
oração de alguém! Seja
anunciando as boas novas
do Evangelho, oferecendo
suporte financeiro ou
sendo um ombro amigo
para quem precisa. Ore a
Deus e permita que Ele o
use para abençoar vidas.
Vá e seja a resposta!

## 11º encontro

# Trinta moedas

Trinta moedas de prata. Esse é o preço pelo qual foi vendido o Rei dos Reis. Eu não estava lá, mas conheço alguém que estava e me contou:

— Eu o chamei de amigo depois que me beijou — disse Ele, com compaixão nos olhos.

Nos dias atuais, Ele seria vendido por muito menos: trocado por pequenas doses de egoísmo, ignorado por altas doses de vaidade. Todos os dias, passam trinta moedas de prata em nossas mãos. Uns entregam a metade e guardam a outra para traí-Lo mais tarde.

Os lobos estão com os bolsos cheios, mas os filhos estão lavados com o preço que nenhuma moeda de prata pode pagar: lavados com o Sangue.

**Mateus 26:15**: "E disseram: 'Que me quereis dar, e eu vo-lo entregarei?'. E pagaram-lhe trinta moedas de prata".

**1Pedro 1:18-19**: "Sabendo que não foi com coisas corruptíveis, como prata ou ouro, que fostes resgatados da vossa vã maneira de viver que por tradição recebestes dos vossos pais, Mas com o precioso sangue de Cristo, como de um cordeiro imaculado e incontaminado".

# orAÇÃO

Ore ao Senhor e peça perdão por qualquer apego excessivo às riquezas deste mundo. Examine seu coração e, com um gesto de generosidade, doe algo, mostrando que suas riquezas estão no Senhor e não nas coisas deste mundo.

**Ore:** Senhor, perdoa-me por todas as vezes em que me afastei de Tua presença e me deixei encantar pelas riquezas deste mundo. Reconheço que Tu és mais precioso do que todo ouro e toda prata. Desejo que minha vida seja guiada por Ti e não pelas distrações e riquezas desse mundo, assim como Tua Palavra diz em Mateus 6:21: "Pois onde está o teu tesouro, aí estará também o teu coração". E meu coração está em Ti. Amém!

## 12º encontro

# Escape

O pecado bateu à minha porta... e eu abri. Veio ao encontro do que já estava dentro; foi um reencontro.

Parece tão doce e suave o sabor do pecado, tão irresistível que, por alguns instantes, ele nos faz esquecer o motivo pelo qual vivemos, por Quem vivemos. Somos inundados pelo êxtase e pela adrenalina. É prazeroso, e ninguém nunca disse que não era.

Mas o gosto bom vai se tornando ferrugem quando a sensação de adrenalina passa. Ferrugem dos pregos que um dia crucificaram o Rei.

— Eu o preguei de novo na cruz. — O desespero bate.

A vontade de largar tudo é iminente, já que o pecado que está fora sempre vem ao encontro do desejo que ainda permanece. Não consigo resistir.

— Olhe para a cruz — uma voz grita dentro de mim.

No chão, olho para cima e vejo o sangue. Não é apenas o pecado que me afasta dEle, mas também minha desistência do caminho que me foi proposto.

— Vem, Senhor, e me resgata! — clamo, usando as últimas forças que me restam. E sinto o gosto amargo do arrependimento voltando a ter sabor de esperança. A decisão da renúncia me coloca outra vez em pé, sabendo que Quem começou a boa obra é fiel e justo para cumpri-la até o fim. De glória em glória, dia após dia.

E quando a mesma tentação do pecado que venci bater novamente em minha porta, direi:

— Hoje não!

Isso hoje e em todos os outros dias, até que Ele volte e o vença para sempre.

**Gênesis 4:7**: "O pecado está à porta; cabe a ti dominá-lo".

**Romanos 6:14**: "Porque o pecado não terá domínio sobre vós; pois não estais debaixo da lei, e sim da Graça".

**1 Coríntios 10:13**: "Não veio sobre vós tentação, senão humana; mas, fiel é Deus, que não vos deixará tentar acima do que podeis, antes, com a tentação, dará também o escape, para que a possais suportar".

# orAÇÃO

Deus se agrada de um coração humilde e quebrantado. Ore ao Senhor, pedindo ajuda para vencer as tentações.

**Ore:** Senhor, não me deixes cair em tentação. Abre meus olhos para que eu reconheça o meio de saída que vem de Ti e fortalece-me para resistir. Enche meu coração com Teu temor, para que eu ande em obediência e viva conforme Tua vontade, assim como diz Tua Palavra em Mateus 6:13: "Não nos deixes cair em tentação; mas livra-nos do mal". Amém!

13º encontro

# Identidade

Não conhecer nossa verdadeira identidade em Deus nos faz enxergar apenas a imensidão dos problemas.

Mas o Senhor, em Sua Infinita Sabedoria, nos leva ao deserto — não para testar o nosso coração ou nos conhecer, pois Ele já sabe o fim desde o começo, mas para que nós nos conheçamos e possamos enxergar a autoridade que Ele nos concedeu pelo Seu Sangue.

Seremos provados. Nosso caráter será forjado.

**A saída mais rápida do deserto é compreender por que chegamos até ele e aprender a ter um coração humilde, contrito, ensinável e cheio de autoridade em Deus.**

O papel de vítima não combina com os herdeiros do Rei.

É justamente nos tempos de deserto que o Pai ensina ao filho quem ele realmente é, para que, no fim, ele se pareça com o Pai.

**Romanos 5:3-4**: "E não somente isso, mas também nos gloriamos nas tribulações, porque sabemos que a tribulação produz perseverança; a perseverança, um caráter aprovado; e o caráter aprovado, esperança".

**Romanos 8:17**: "Se somos filhos, então somos herdeiros; herdeiros de Deus e coerdeiros com Cristo, se de fato participamos dos seus sofrimentos para que também participemos da sua glória".

# orAÇÃO

Se você se sente em um deserto, faça as seguintes perguntas ao Senhor:

1. O que me trouxe até o deserto?
2. O que preciso aprender ou mudar para sair dele?

Busque a resposta em Deus, confiando que Ele tem um propósito, mesmo nos momentos mais difíceis.

14º encontro

# Filho

O pai esperava na janela, olhando atento para o fim da estrada, à sua espera. A mesa estava posta, com tudo de que ele mais gostava: o bolo de fubá com recheio de chocolate, sempre com a colher suja, pois ele gostava de lamber; o café passado na hora, com aquele aroma que enchia a casa; a carne já temperada, pronta para assar. Mas anoiteceu, e ele não voltou.

— Amanhã ele volta — disse o pai, cheio de esperança.

O resto da comida ia para os cachorros, que já estavam cheios e fartos, pois a rotina se repetia, dia após dia. Enquanto o filho se perdia nos prazeres da carne, o pai dormia com o mesmo sorriso de canto: "Hoje não, mas amanhã". E assim foi naquele dia e em todos os outros.

Certa manhã, enquanto o pai se apressava para alimentar seu rebanho, antes de preparar o café, avistou um homem vindo em sua direção.

— Aba — disse o homem, que fedia como os porcos do rebanho do pai.

O forte abraço de amor do pai misturava-se com a fraqueza de arrependimento do filho. É um amor que não tem explicação filosófica, cálculo exato e que a ciência jamais explicará, pois ultrapassa o limite do ser.

As lágrimas o purificaram. Em sua cama, estava uma roupa branca e sandálias novas, mas o coração ainda temia as consequências.

— Você está na Casa do Pai. Não há o que temer. — disse o Pai, paciente, quando lhe entregou a colher suja de cobertura de chocolate.

**Lucas 15:20**: "E, levantando-se, foi para seu pai. Vinha ele ainda longe, quando seu pai o avistou, e, compadecido dele, correndo, o abraçou, e beijou".

# orAÇÃO

Interceda por alguém que
está afastado de Deus,
pedindo que o Senhor
toque seu coração
e o traga de volta à
Sua presença.

Para os filhos pródigos,
lembrem-se: o Pai está de
braços abertos, esperando
ansiosamente sua volta.
Retornem à casa do Pai,
onde há perdão, amor
e restauração.

## 15º encontro

# Ferida

Hoje, Ele veio me visitar. Senti o cheiro do barro molhado, pude sentir a textura da casca da ferida e ouvi o barulho do choro de dor. Certa vez, caí de bicicleta, pois não tinha um pai que segurasse a sela. Senti o gosto do barro. Estava molhado, pois chovia. A ferida demorou a cicatrizar. Uma voz dentro de mim falou:

— **Seja forte, essa dor vai passar!**

Por anos, quando chovia, vinha à minha mente a lembrança da dor, o gosto do barro e a textura da ferida. Porém, hoje Ele veio me visitar:

— Eu era o barro, a chuva, a voz... Eu sou o seu Pai e hoje vim para permanecer — disse Ele.

Ele me mostrou que nunca estive só, que em todos os momentos Ele estava lá.

**Isaías 64:8**: "Mas agora, ó Senhor, Tu és nosso Pai; nós somos o barro, e Tu és o oleiro; e todos nós, obra das Tuas mãos".

**Salmo 147:3**: "Sara os quebrantados de coração, e lhes ata as suas feridas".

# orAÇÃO

Abra seu coração a Deus e compartilhe com Ele qualquer lembrança da sua infância que ainda lhe cause dor. Deixe-O trazer cura para essa ferida, confiando em Seu amor restaurador e em Sua capacidade de transformar o passado, trazendo paz e liberdade a seu coração.

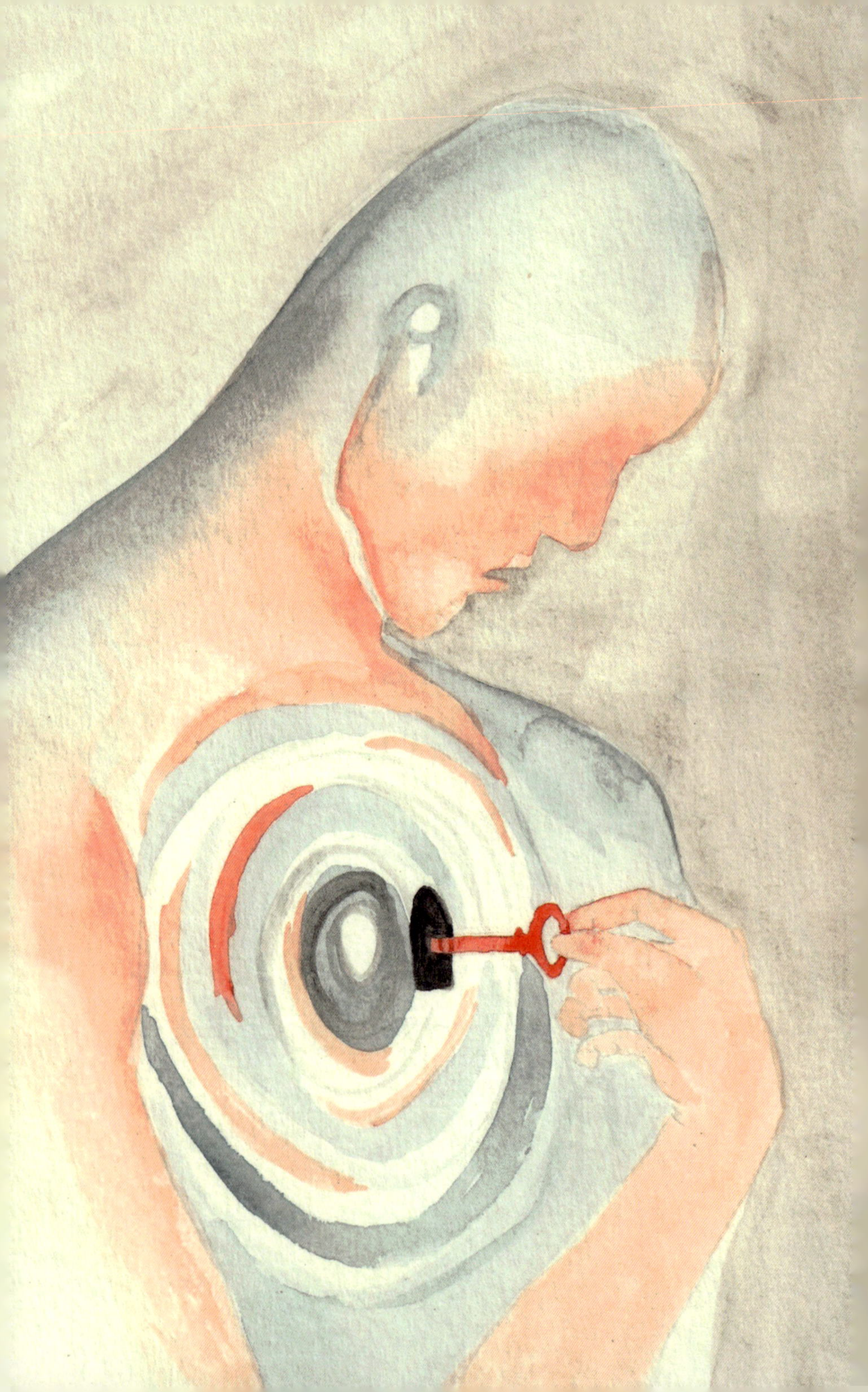

## 16º encontro

# Liberdade

Oi, pai,

Escrevo esta carta da cela 9, pavilhão 8. Sei que não é o endereço de onde o senhor esperava receber uma carta minha. Sempre sonhou ter um filho doutor, advogado ou engenheiro... Mas me tornei um assassino.

Escrevo com um pedaço de carvão, já que lápis e canetas são proibidos aqui. A lua ilumina o chão enquanto escrevo. A luz entra pela única janela da cela. Às vezes, consigo ver até um pedaço do céu. Torço para sentir o gosto da chuva outra vez.

Eu errei, pai. Errei muito. Não o ouvi. Sei que o decepcionei profundamente, e me arrependo tanto... Mas também sei que as lágrimas não mudam o passado. A vida que tirei nunca mais voltará. E eu também não. Morri naquele dia também. Morri para o senhor, para a sociedade, que me vê como um lixo. E eu sei que mereço.

Mas, pai, escrevo esta carta para dizer que estou livre. Mesmo preso por essas grades, sem ter onde dormir por causa da superlotação, revezando quem fica em pé ou sentado... **Eu sou livre**!

Um Homem veio me visitar. Disse que me daria a verdadeira liberdade, e eu aceitei. O nome dele é Jesus. Aquele que um dia nós rejeitamos. Amanhã, deveriam me transferir para a cela 10, onde estão os outros irmãos, mas decidi ficar. Quero que os outros presos sejam livres como eu... Hoje, dois já O aceitaram também.

Pai, espero que me perdoe. Não sou mais o mesmo homem. Espero que um dia venha me visitar. E que possa conhecê-Lo e ser livre também, assim como eu sou. Porque essas grades não me prendem mais.

*Seu filho*

**2 Timóteo 2:9:** "Pelo qual sofro a ponto de estar preso como criminoso; contudo, a Palavra de Deus não está presa".

**João 8:36:** "Se, pois, o Filho os libertar, vocês verdadeiramente serão livres".

**Romanos 8:1-2:** "Portanto, agora já não há condenação para os que estão em Cristo Jesus, porque, por meio de Cristo Jesus, a lei do Espírito de vida me libertou da lei do pecado e da morte".

# orAÇÃO

Sonde seu coração e traga à memória todas as pessoas que, em algum momento, você considerou indignas ou impuras. Ore a Deus por elas, lembrando-se de que o desejo do Senhor é que todos sejam salvos, pois todos carecem de Sua glória.

**Ore:** Senhor, todos nós pecamos e fomos separados da Tua glória. Oro por aqueles que se sentem indignos de se aproximar de Ti por conta de seus pecados, incluindo a mim. Traze à nossa consciência que o Teu Poderoso Sangue é suficiente para perdoar toda transgressão e nos purificar completamente. Que possamos experimentar a verdadeira liberdade que há em Cristo, deixando para trás toda culpa e condenação. Que nada nos impeça de nos achegarmos a Ti com um coração arrependido e confiante no Teu amor, assim como Tua Palavra diz em Romanos 3:23-24: "Porque todos pecaram e carecem da glória de Deus, sendo justificados gratuitamente pela Sua graça, mediante a redenção que há em Cristo Jesus". Amém!

17º encontro

# Colheita

Acordei assustado com o gosto amargo do fruto do qual tenho me alimentado. Pergunto-me quando essa dor vai passar. Foram anos cavando a minha própria cova. O buraco era tão fundo que já nem percebia que estava nele, pois nunca estava sozinho; sempre havia alguém para me puxar ainda mais para o fundo.

O pecado nos leva ao fundo do poço. Cavamos com uma colher, pouco a pouco. Ele nos conduz à morte, mas o veneno é tomado em pequenas doses.

— Filho de Davi, tem compaixão de mim! — grito em desespero.

— Não se planta limão e colhe maçã, filho — uma voz sussurrou lá de cima. — Tome — e me entregou algo, estendendo a Mão.

Era uma pequena semente: a fé.

— É Ele! — exclamo enquanto sou retirado daquele buraco.

O gosto do fruto podre, acumulado por todos esses anos de pecado e pelas consequências das minhas péssimas escolhas, foi trocado por esse grão de fé, que, cultivado, se tornará grande.

Com uma nova semente, um novo fruto. Uma nova colheita.

**Marcos 10:47-48**: "E, ouvindo que era Jesus de Nazaré, começou a clamar e a dizer: Jesus, filho de Davi, tem misericórdia de mim!"

**Gálatas 6:7**: "Aquilo que o homem semear, isso também ceifará".

# orAÇÃO

Diga a Deus, de forma honesta e detalhada, qual é o pecado, ou a iniquidade, que o tem afastado d'Ele. Compartilhe com Ele, permitindo que Sua luz revele a verdadeira natureza do que o separa de Sua presença e peça perdão e restauração.

## 18° encontro

# Estratégia

O rei acordou um pouco mais tarde. Tomou o café da manhã com a rainha, os príncipes e os nobres.

No lugar de suas vestes reais, vestiu-se com sua armadura, pegou sua espada, seu escudo e dirigiu-se ao campo, onde mais de três mil soldados o aguardavam.

O exército estava dividido entre apreensão e medo. O inimigo era numeroso e poderoso.

Havia jovens aventureiros e corajosos, mas também aqueles cujas mãos tremiam ao segurar a espada.

— Vamos morrer — disse o soldado do cavalo preto, afundado em sua armadura.

— Mas não é essa a intenção da guerra? Que os homens morram com honra! — retrucou o soldado do cavalo vermelho.

— Muito me admira o rei, que deveria estar aqui conosco. Aposto que ainda está no banquete no palácio — indagou o soldado do cavalo marrom.

— Eu acredito que ele tenha um plano — afirmou o do cavalo branco.

As trombetas tocaram, anunciando a chegada do rei.

— Tenho em minhas mãos uma estratégia de guerra. Com ela, sairemos vencedores! — exclamou o rei, segurando um pergaminho. Os soldados se entreolharam, incrédulos. O rei, então, apontou para os quatro cavaleiros à frente.

— Vocês quatro, em cima dos cavalos preto, vermelho, marrom e branco, venham comigo. O resto está dispensado — ordenou firmemente.

O silêncio pesou sobre as tropas. Como venceriam uma guerra com apenas quatro homens?

— O rei enlouqueceu! — exclamou o do cavalo preto. — Não irei apenas com vocês!

— Mas se recusarmos, seremos acusados de traição e executados — ponderou o do cavalo vermelho.

— Qual a diferença? De qualquer forma, morreremos — disse o do cavalo marrom.

— O rei tem uma estratégia. Vamos confiar! — afirmou o do cavalo branco.

O rei aproximou-se deles e falou num tom calmo, sereno e confiante. Os jovens inclinaram suas cabeças.

— Saudações, jovens guerreiros — disse o rei. — Escolhi vocês para esta missão. Nossos nomes ficarão marcados na história.

O rei seguiu em frente, e os quatro o acompanharam. Após um dia e meio de cavalgada, o silêncio pairava entre eles, quebrado apenas pelos ruídos da floresta. Estranhamente, o rei mudou o caminho, o que logo os levou a perceber seu destino.

— Meu rei — disse o soldado do cavalo preto, aproximando-se —, este caminho nos leva diretamente ao palácio do inimigo, até a porta da frente onde estão seus soldados.

— Majestade, não seria mais sábio surpreendê-los por trás? — sugeriu o soldado do cavalo vermelho.

“Não faz diferença, morreremos de qualquer jeito”, pensou o cavaleiro do cavalo marrom.

— Confiamos em sua estratégia, ó rei! O que devemos fazer? — declarou o soldado do cavalo branco.

O rei sorriu.

— Homem de fé! Com essa fé venceremos a guerra.

O rei compartilhou o plano e seguiram viagem. Ao chegarem à frente do palácio inimigo, dez mil homens os aguardavam. Ao avistarem o rei e os quatro soldados, riram e zombaram:

— Sabíamos que venceríamos, mas não tão facilmente!

— Onde está o seu grande exército?

— Apenas quatro homens?!

O soldado do cavalo branco avançou sozinho em direção ao líder inimigo, sem armas, carregando apenas o pergaminho.

— Quero falar com o rei!

Foi levado prisioneiro. As horas passaram e a tensão cresceu entre os que esperavam.

— Ele não vai voltar.

— Já deve estar morto.

— O outro rei é cruel.

— Fé, homens! — exclamou o rei.

Trombetas anunciaram a chegada do rei inimigo. Para surpresa de todos, ele estava ao lado do soldado no cavalo branco.

— Soltem as armas e voltem para suas casas. A guerra acabou! — exclamou o líder inimigo. O silêncio foi quebrado por murmúrios de incredulidade.

— Há meses, sofria de uma terrível doença. Ontem, tive um sonho de que um homem viria até mim com a cura — disse o rei inimigo, com lágrimas nos olhos. — Este soldado tocou em mim e mostrou o pergaminho com detalhes do meu sonho. E eu fui curado.

— Eu tive o mesmo sonho, no qual meu Deus pediu que viesse até aqui e entregasse a cura por meio de um homem de fé — respondeu o rei visitante.

Os dois reis, antes inimigos, se abraçaram e encerraram a guerra.

Ao retornarem, o reino celebrou com uma grande festa.

— Viva o cavaleiro do cavalo branco! — gritou o povo.

— Viva o Deus dos Exércitos, o Deus que cura! — respondeu o homem de fé.

**2 Crônicas 20:15**: "Não tenham medo nem fiquem desanimados por causa deste exército enorme, pois a batalha não é de vocês, mas de Deus".

**Provérbios 16:7**: "Quando os caminhos de alguém agradam ao Senhor, ele faz com que até os seus inimigos vivam em paz com ele".

# orAÇÃO

Ore e busque em Deus uma estratégia específica para a situação que você está enfrentando, lembrando que você serve ao Deus dos Exércitos, que nunca perdeu uma batalha.

## 19º encontro

# Salvação

"Foi na cruz, foi na cruz, onde um dia eu vi meu pecado castigado em Jesus. Foi ali, pela fé, que os olhos abri, e agora me alegro em Sua luz."

Um senhor cantava e entregava panfletos pela calçada.

— Jesus a ama, minha filha — disse ele a uma moça de saia curta que passava apressada.

— Eu não preciso de um deus tirano e cruel, que castiga com seu chicote e manda para o inferno quem desobedece — retrucou ela, ríspida.

Maria José tinha apenas 20 anos, mas conhecia muito da vida. Abandonada pelo pai na infância, foi criada pela avó, pois não se entendia com a mãe. Na certidão de nascimento, o nome do pai era ausente. A única referência paterna eram os namorados de Maria das Dores, sua mãe. Maria José buscava incessantemente encontrar em todo homem com quem Das Dores se relacionava uma figura paterna: o carinho e o cuidado que nunca teve.

Em vão! O mar de rosas sempre se tornava espinhos. João, Cláudio, André, Fernando, Antônio... todos, sem exceção, deixaram marcas.

Cansada, ela saiu para o mundo, buscando preencher o vazio. Mas em bares, ruas e festas, encontrou apenas mais nomes para a lista: Pedro, Henrique, Luís, Felipe, Leandro...

**Sua cama estava sempre cheia, mas sua alma estava vazia.**

**No fundo, Maria só queria ser amada de verdade, mas nada preenchia aquele vazio.**

Até que um dia, um homem apareceu na cafeteria onde ela trabalhava durante o dia. Desconfiada, ignorou-o. Achou que ele era apenas mais um dos homens com quem havia se deitado.

— Você anda ansiosa? — perguntou ele, olhando diretamente para ela.

— Por quê? — Maria José franziu a testa.

— Percebi que rói as unhas — respondeu ele, pegando suavemente em sua mão. — O Senhor diz para não andarmos ansiosos por coisa alguma, pois Ele cuida de nós.

Ela puxou a mão de volta.

— Pois o seu Senhor não tem cuidado de mim — rebateu com ironia. — Não gosto desse papo de Deus.

Nos dias seguintes, o jovem voltava todas as manhãs. Falava do clima, de lugares que queria conhecer. Maria José ouvia em silêncio, desconfiada, sempre interrompendo a conversa para dizer que estava ocupada.

Até que um dia, ele disse:

— Você precisa que Deus toque você. Ninguém a vê como Ele a vê. Ele é seu Pai.

Furiosa, ela o expulsou do café. Não suportava quando ele falava de Deus. Desde então, ele nunca mais voltou.

Mas algo nela havia mudado.

Dias se passaram, e Maria se arrumou para mais uma noite em busca de preencher aquele vazio. Estava linda. Os olhares dos rapazes do bar a devoravam, e ela gostava de ser desejada. Até que um deles a beijou. Naquele instante, uma frase ecoou em sua mente:

"Você precisa que Deus toque você. Ninguém a vê como Ele a vê".

O beijo perdeu o gosto. Seu corpo estremeceu. Ela o empurrou e correu para o banheiro. Sentiu nojo. De tudo.

— O que está acontecendo comigo? — sussurrou para si mesma.

Naquela noite, chorou como nunca antes. E Deus a viu.

Lembrou-se do jovem que nunca mais a visitou no café, pois ela o havia expulsado por dizer que Deus era seu Pai.

"Eu não tenho pai", dizia a si mesma em prantos antes de dormir aquela noite.

No dia seguinte, o jovem reapareceu e pediu um café.

— Como foi a noite, moça? — perguntou ele enquanto tomava um gole. Ele parecia que sabia.

Maria José abaixou a cabeça.

— Bem — mentiu ela.

Ele segurou sua mão.

— Deus me disse que viu você chorar ontem à noite.

Ela congelou. Seu coração disparou.

— Se Deus realmente existe, pergunte a Ele por que permitiu que meu pai fosse embora. Por que permitiu que os namorados da minha mãe tocassem em mim. Por que me deixou me tornar... uma prostituta — sua voz embargou. Ela tirou o avental e saiu correndo da cafeteria.

O jovem foi atrás.

— Deus a ama! Tanto que me enviou aqui para lhe dizer que Ele nunca a abandonou. E que, mesmo nos momentos em que você pensa: "Não tenho mais pai", Ele continua sendo seu Pai.

Maria José desabou em lágrimas.

Pela primeira vez, acreditou em suas palavras. Confiou.

— Obrigada por me ajudar... Agradeça ao seu Deus por mim — disse ela, enxugando o rosto. — Você nunca me disse seu nome.

Ele sorriu.

— Me chamo Oséias. Significa "Salvação". — E estendeu a mão para ela. — Mas você mesma pode agradecer a Ele. Venha comigo.

Maria José seguiu Oséias.

E conheceu **o Deus dele**.

Que se tornou **o seu Deus**.

Ou melhor... **o seu Pai**.

Na mesma calçada onde anos antes um senhor entregava panfletos, agora estavam Maria José e Oséias, cantando juntos:

"Foi na cruz, foi na cruz, onde um dia eu vi meu pecado castigado em Jesus. Foi ali, pela fé, que os olhos abri, e agora me alegro em Sua luz."

Bem em frente ao bordel onde ela havia trabalhado um dia.

**Oséias 1:2**: "Quando o Senhor começou a falar por meio de Oséias, disse-lhe: 'Vá e tome uma mulher adúltera e filhos da infidelidade, porque a nação é culpada do mais vergonhoso adultério, afastando-se do Senhor'".

**Romanos 5:8**: "Mas Deus demonstra seu amor por nós: Cristo morreu em nosso favor quando ainda éramos pecadores".

**Lucas 15:7**: "Eu lhes digo que, da mesma forma, haverá mais alegria no céu por um pecador que se arrepende do que por noventa e nove justos que não precisam arrepender-se".

# orAÇÃO

Assim como Maria, transformada de prostituta em uma mulher de Deus e evangelista pelo poder do perdão de Jesus, escreva trinta características sobre sua verdadeira identidade em Deus. Exemplos: santo, justificado, perdoado, justo, fiel... Depois, afirme quem você é em Cristo todos os dias ao acordar.

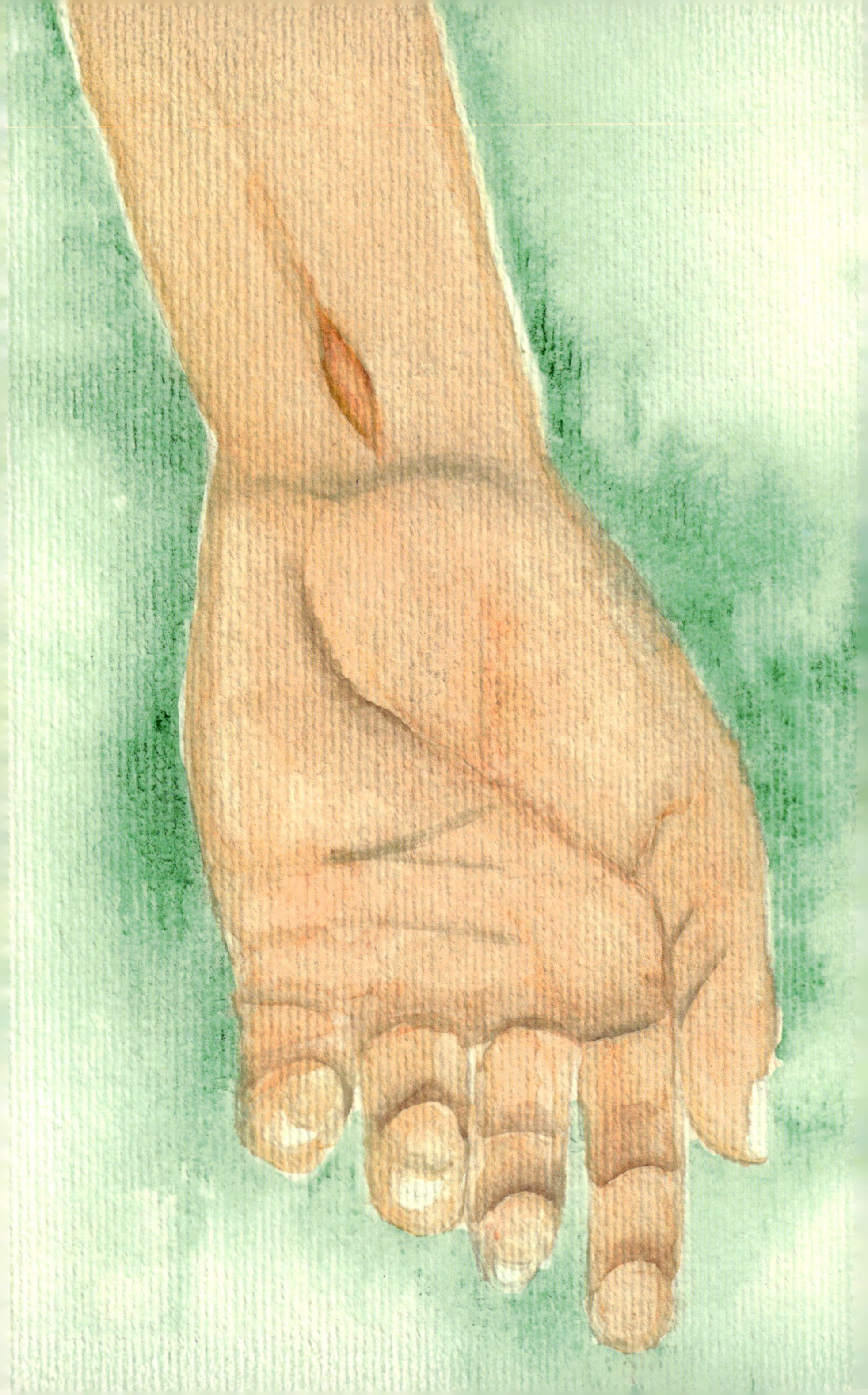

## 20° encontro

# E se?

— E se tudo isso for uma mentira? Se Ele não existir? Toda a palavra foi escrita e criada por homens?

O silêncio pairou após as perguntas. "E se?". Se ninguém abriu o mar, muito menos andou sobre as águas? Se o inferno foi algo criado apenas para incutir medo no homem e o Éden for apenas um conto? Se os peixes e os pães nunca foram multiplicados? E se... Ele nunca ressuscitou?

Mesmo assim, Davi, ao ouvir a história dEle, largou as drogas. Francisco, que batia na esposa e a traía, mudou ao conhecê-Lo. Maria, abandonada pelos pais na infância e rejeitada a vida inteira, ao conhecê-Lo, sentiu-se amada pela primeira vez.

**Quem matava não mata mais. Quem roubava não rouba mais.**

E se, mesmo diante de todas as evidências, acharem que é apenas uma história, uma mentira, eu direi:

— Vale a pena acreditar! Vinde e vede — sabendo em meu coração que, em breve, essa pessoa conhecerá a Verdade.

**Êxodo 14:21**: "Então Moisés estendeu a mão sobre o mar, e o Senhor fez retirar o mar por um forte vento oriental".

**Mateus 14:25**: "E Jesus foi ter com eles, andando por sobre o mar".

**João 14:6**: "Eu sou o caminho, e a Verdade, e a Vida; ninguém vem ao Pai senão por mim".

**Atos 4:29**: "Agora, pois, ó Senhor, põe os olhos nas suas ameaças, e concede aos teus servos que falem com toda a ousadia a Tua Palavra".

# orAÇÃO

Ore e peça a Deus ousadia para ser instrumento em Suas mãos. Que Ele o capacite a impor as mãos sobre os enfermos, a pregar àqueles que ainda não O conhecem e a assumir posições onde Sua Vontade possa ser realizada por meio de seu testemunho.

## 21º encontro

# Renúncia

Acordava com a sensação de que tudo estava bem. Uma paz reinava em meu coração, uma certeza inabalável. Os noticiários não traziam nenhuma novidade: o dólar subia, terremotos em algumas partes do mundo, a violência assolando as cidades. Mas meu coração continuava em paz.

Havia passado dias junto com o meu amor. Estava namorando, e nada mais importava. Meu coração estava longe de Deus, mas sabia, pela graça, que Ele estava comigo. Sabia que me amava, mesmo que eu já não O amasse com a mesma intensidade dos primeiros dias, mesmo que Ele tivesse sido trocado pelo meu grande amor, a quem esperei por toda a minha vida. Estava namorando, e nada mais importava.

Nos casaríamos e, quem sabe, eu voltaria a me aproximar de Deus novamente. Quem sabe?

Em um dia chuvoso, o sol brilhava, pois meu grande amor havia me mandado um "bom dia" caloroso. Mas, à tarde, tudo mudou. Sem explicação, ele me deixou. Desapareceu por dias, e descobri que estava com outra pessoa.

Após dias de aventuras e com meu coração despedaçado, resolveu voltar pedindo perdão. Como era meu grande amor, resolvi aceitar. Mas nada foi o mesmo. Minhas convicções se tornaram incertezas, a paz virou uma bomba-relógio prestes a explodir. Só via uma solução.

— Oi, Deus, quanto tempo!

Meus joelhos doíam após minutos naquela posição. A carne havia esquecido as horas que eu passava prostrado. — Não sei se o Senhor me ouve. Não sei se está aí — dizia, enquanto as lágrimas me consumiam. — Não sei mais de nada.

Me debrucei e fiquei em silêncio. As lágrimas e os gemidos oravam por mim. Era uma dor inexplicável. O Espírito, que estava entristecido, de repente começou a sussurrar dentro de mim: "Que saudade".

Me abracei, como se estivesse a abraçá-Lo. Meu telefone tocou. Era meu Grande Amor ligando...

Agora não! Estou na presença do meu único e maior amor.

As fichas caíram, e percebi o quanto havia errado. Havia trocado a eternidade por uma aventura. Trocado Aquele que nunca me decepcionaria pela carência de não esperar em Deus.

— Eu renuncio a você! — declarei em voz alta, olhando para o celular enquanto o engano me ligava.

Sabia que não seria fácil renunciar. Mas também sabia que não estava só, pois meu único e maior Amor, o Senhor, estava comigo.

**Apocalipse 2:4-5**: "Contra você, porém, tenho isto: você abandonou o seu primeiro amor. Lembre-se de onde caiu! Arrependa-se e pratique as obras que praticava no princípio".

**Romanos 8:26-27**: "Da mesma forma, o Espírito nos ajuda em nossa fraqueza, pois não sabemos como orar, mas o próprio Espírito intercede por nós com gemidos inexprimíveis. E aquele que sonda os corações conhece a intenção do Espírito, porque o Espírito intercede pelos santos de acordo com a vontade de Deus".

**Joel 2:12-13**: "Agora, porém", declara o Senhor, "voltem-se para mim de todo o coração, com jejum, lamento e pranto. Rasguem o coração e não as vestes. Voltem-se para o Senhor, o seu Deus, pois Ele é misericordioso e compassivo, muito paciente e cheio de amor; arrepende-se e não envia a desgraça".

# orAÇÃO

Este livro desafia você a renunciar, **imediatamente**, a tudo o que o tem afastado de Deus. Ore e peça ao Senhor que revele, de forma específica, o que precisa ser deixado para trás. Permita que Ele sonde seu coração e, com sinceridade, decida hoje mesmo renunciar a tudo o que impede a vontade dEle de se fazer na sua vida.

## 22º encontro

# Bomba-relógio

Mudou o corte de cabelo para se parecer com os demais. Trocou o jeito de vestir, o modo de falar. Seguiu a manada e, na multidão, tornou-se apenas mais um.

Nada de diferente. Nada de novo.

Aos poucos, começou a ouvir o que antes não ouvia. A pisar aonde jamais iria. A se acostumar com o que antes repudiava. Aos poucos... devagar.

O pecado se instala como uma bomba-relógio: silencioso, paciente, esperando o momento certo para explodir.

Tic-tac... Tic-tac... Tic-tac... Tic...

Quando explode, arrasta tudo. Não separa o que é obra da carne ou do Espírito. Simplesmente explode.

E lá vai o homem carnal, mais uma vez, recolhendo os cacos de si mesmo. Tentando juntar o que restou. Colhendo as consequências do que chamava de “pecadinho”.

Destruído, encontra-se novamente refém. Frente a frente com o velho homem, aquele contra quem lutou por anos, aquele que jurou nunca mais encontrar.

Sente saudade da Presença. Do Primeiro Amor, mas não tem mais forças para voltar.

Envergonhado, sujo e impuro, depois de gastar toda a herança dos frutos que recebeu do Espírito, decide usar as últimas forças que lhe restam para voltar à casa do Pai, ao lugar de onde nunca deveria ter saído.

— SENHOR! — clama, humilhado, com o rosto em terra.

**"Se o meu povo, que se chama pelo meu nome, se humilhar, e orar, e me buscar, e se converter dos seus maus caminhos, então, eu ouvirei dos céus, perdoarei os seus pecados e sararei a sua terra"** (2Crônicas 7:14).

A palavra vem do trono enquanto o homem arrependido clama.

**Romanos 12:2**: "Não se amoldem ao padrão deste mundo, mas transformem-se pela renovação da sua mente, para serem capazes de experimentar e comprovar a boa, agradável e perfeita vontade de Deus".

**Tiago 1:14-15**: "Cada um, porém, é tentado pelo próprio mau desejo, sendo por este arrastado e seduzido. Então esse desejo, tendo concebido, dá à luz o pecado, e o pecado, após ter se consumado, gera a morte."

**Salmos 51:10-12**: "Cria em mim um coração puro, ó Deus, e renova dentro de mim um espírito estável. Não me expulses da tua presença, nem tires de mim o teu Santo Espírito. Devolve-me a alegria da tua salvação e sustenta-me com um espírito pronto a obedecer".

# orAÇÃO

Sonde seu coração e examine suas atitudes, buscando perceber se há algo, por menor que seja, que possa desagradar ao Senhor. Corrija-se imediatamente e peça perdão, permitindo que Ele transforme seu coração, até nos pequenos detalhes.

## 23º encontro

# Cavaleiro

O cavaleiro, montado em seu cavalo, avançava pela estrada. Sua armadura dourada reluzia, refletindo a luz do sol com um brilho intenso. A estrada era longa, sem casas à vista; as poucas que surgiam fechavam suas portas, incomodadas pela luz que a armadura dourada irradiava.

Com um ar sereno e calmo, o cavaleiro seguia sempre em frente, buscando um lugar para descansar. No entanto, ninguém queria recebê-lo, pois sabiam quem ele era.

Ao chegar em um vilarejo distante, deparou-se com uma festa regada a vinho e comida à vontade. Porém, à medida que viam a sua armadura, que brilhava intensamente, as pessoas se apressaram em correr para dentro de suas casas, fechando-lhe as portas.

Sereno, ele cruzou o pequeno vilarejo, despertando a curiosidade de uma jovem que o observava atentamente. Ela notou que ele não parava, não comia, nem bebia.

— Cavaleiro da armadura dourada! — gritou a moça, correndo até ele. — Deve estar cansado e com fome, porém não parou, não comeu, nem bebeu.

O cavaleiro desceu do cavalo, retirou o capacete e desembainhou a espada.

— **Minha missão é caminhar sem retroceder**. Há dias sigo sem ser recebido. Porém, carrego comigo o pão e a água da vida, que me sustentam e não me deixam cair.

— Venda sua armadura e venha se fartar da melhor carne e do melhor vinho. Posso garantir que é melhor do que água e pão! — insistiu a donzela.

— Não posso vender aquilo que foi comprado com sangue. Mas o que recebi de graça, vos dou — respondeu ele, mostrando tudo o que carregava.

— O capacete da salvação, o escudo da fé, os lombos cingidos com a verdade, a couraça da retidão, os pés calçados com a preparação da paz e a espada do Espírito.

As pessoas do vilarejo, curiosas, começaram a sair de suas casas para ouvir o que ele dizia. Seguiram-no até um pequeno riacho ao leste da cidade. Ali, ouviram e creram na verdade que o cavaleiro proclamava. Um a um, eram submersos nas águas do riacho e saíam com suas próprias armaduras.

Após algum tempo, o jovem cavaleiro voltou a cingir seu cavalo e prosseguiu em sua missão: fazer conhecido Aquele que um dia lhe deu a armadura, a água e o pão.

**João 3:19-20**: "Este é o julgamento: a luz veio ao mundo, mas os homens amaram mais as trevas do que a luz, porque as suas obras eram más. Quem pratica o mal odeia a luz e não se aproxima da luz, para que as suas obras não sejam reprovadas".

**Mateus 10:8**: "Curem os doentes, ressuscitem os mortos, purifiquem os leprosos, expulsem os demônios. De graça vocês receberam, de graça deem".

**Romanos 6:4**: "Fomos, portanto, sepultados com Ele na morte, pelo batismo, a fim de que, assim como Cristo foi ressuscitado dentre os mortos pela glória do Pai, também nós vivamos uma nova vida".

# orAÇÃO

É necessário que estejamos revestidos da armadura de Deus. Tire um tempo com o Senhor e ore:

"Senhor, conforme está escrito em Efésios 6:10-13, fortalece-me no Teu poder e reveste-me de Tua armadura para que eu possa resistir às investidas do inimigo. Ajuda-me a vestir toda a armadura de Deus, para que eu possa permanecer firme contra as ciladas do diabo, pois nossa luta não é contra a carne e o sangue, mas contra os principados, potestades e forças espirituais do mal.

Capacita-me, Senhor, a tomar cada peça dessa armadura: a Verdade como cinto, a Justiça como couraça, o Evangelho da Paz nos meus pés, o escudo da Fé para apagar os dardos inflamados do maligno, o capacete da Salvação e a espada do Espírito, que é a Tua Palavra . Ensina-me a permanecer firme, que eu esteja sempre preparado para enfrentar o dia mau e, permanecer inabalável na Tua presença. Amém!"

## 24º encontro

# Ídolo

Foi colocado no alto monte e viu todos aqueles que o adorariam.

— SIM! — respondeu sem hesitar.

Desceu ovacionado pelo povo. Acordes precisos, notas perfeitas... Tudo o que tocava virava ouro, refletia a luz. Povos vinham de longe para vê-lo, acampavam por dias, enfrentavam frio e fome apenas para passar minutos perto de seu ídolo.

Enquanto isso, ele estava em um lugar quente, deliciando-se com um enorme banquete.

**"Tudo em nome de Deus e da fé."**

Durante o espetáculo, lançou-se do palco no refrão que dizia:

**"Aos anjos Ele dará ordens ao seu respeito".**

O público foi à loucura. Seguraram-no para que não caísse.

Após o show, no camarim, depois das fotos e dos abraços dos fãs, ficou sozinho.

**"Aceitou tudo aquilo que Eu neguei no deserto."**

Seu coração disparou. A boca secou. As pernas tremeram. Mas decidiu ignorar. Afinal, cantava e pregava "em nome de Deus e da fé".

O preço daquele "sim" o levou a lugares que nunca imaginara. Lugares altos onde era idolatrado, onde mãos o seguravam. Se quisesse, poderia até transformar pedras em pães.

**"Aceitou tudo aquilo que Eu neguei no deserto."**

A frase martelava em sua mente. A paz o abandonou. Os banquetes tinham gosto de serragem. A multidão gritando seu nome já não lhe dava prazer. Há tempos não tinha um rela-

cionamento profundo com o Criador. Acreditava que cantar e pregar sobre Ele era suficiente.

Foi então que percebeu: havia aceitado a oferta do inimigo.

Por engano, fora um anjo de luz. A vaidade havia gritado mais alto, tomando o lugar do temor.

Só restava um caminho: voltar ao deserto e devolver tudo aquilo que Deus nunca lhe prometeu.

Era hora de voltar ao Pai.

O preço de viver longe de Jesus em nome da vaidade é alto demais. Não vale a pena pagar.

**Mateus 4:8-10**: "Levou-o ainda o diabo a um monte muito alto, mostrou-lhe todos os reinos do mundo e a glória deles e lhe disse: 'Tudo isto te darei se, prostrado, me adorares'".

**Mateus 16:26**: "Pois, que adiantará ao homem ganhar o mundo inteiro e perder a sua alma? Ou, o que o homem poderá dar em troca de sua alma?".

**Isaías 42:8**: "Eu sou o Senhor; este é o meu nome! Não darei a outro a minha glória nem a imagens o meu louvor".

# orAÇÃO

Este livro desafia você a renunciar à idolatria da própria vaidade e ao ego que o faz tomar para si um lugar que pertence ao Senhor. Ore a Deus, pedindo perdão por todo e qualquer sentimento de soberba que ainda possa habitar seu coração e entregue a Ele toda a glória que somente a Ele é devida.

25° encontro

# Cefas

Havia passado a festa da Páscoa. Homens armavam suas bancas com especiarias, as senhoras estendiam suas roupas no varal, enquanto alguns garotos corriam pela rua.

— Entre aqui! — disse um garoto, abrindo sua porta.

— Obrigado, você me salvou! — exclamou Cefas, entrando rapidamente na casa para escapar dos outros que o perseguiam. — Eles queriam me bater.

— Como você se chama? — perguntou o garoto.

— Cefas — respondeu ele, estendendo a mão.

— O que você fez para aqueles garotos quererem lhe bater? — perguntou o garoto, entregando-lhe um copo de água, notando que Cefas estava ofegante.

— Eles são maus, eu só revidei quando me xingaram — respondeu Cefas, bebendo a água rapidamente.

— Um dia me xingaram também — suspirou o garoto, olhando para cima, como se revivesse uma memória.

— E como você revidou? Xingou-os também? — perguntou Cefas, curioso.

— Não — respondeu o garoto, olhando para o copo. — Eu dei um copo de água a ele.

Cefas olhou para o copo e abaixou a cabeça, constrangido, pois havia mentido.

— Não foram eles que me xingaram. Fui eu quem os xingou e saí correndo. E você me salvou de uma surra... Por quê?

— **Não se paga o mal com o mal** — disse o garoto, aproximando-se do novo amigo. — Mesmo quando você os xinga, também está xingando a mim, amigo. Cefas sorriu.

— E qual é o seu nome, amigo?

— Emanuel.

Cefas não tirou aquela frase da cabeça: "Não se paga o mal com o mal".

— Me dê um instante — disse Emanuel, indo para o interior da casa. — Volto em breve.

Minutos se passaram, mas o garoto não retornou. Tomado pela curiosidade, Cefas resolveu entrar para procurá-lo.

— Menino, quem é você? — perguntou uma mulher de meia-idade, assustada ao vê-lo entrar. — Como entrou aqui?

— Um garoto chamado Emanuel abriu a porta, me deixou entrar e disse que voltaria, mas nunca voltou.

— Não mora nenhum Emanuel aqui — respondeu a senhora, surpresa. — Mas o que ele disse?

— Me deu água para beber, disse que não se paga o mal com o mal e que voltaria em breve.

**Romanos 12:17-21:** "Não retribuam a ninguém mal por mal. Procurem fazer o que é correto aos olhos de todos. Se for possível, no que depender de vocês, vivam em paz com todos".

**Mateus 5:44:** "Mas eu lhes digo: Amem os seus inimigos e orem por aqueles que os perseguem".

**João 14:18:** "Não deixarei vocês órfãos; voltarei para vocês".

# orAÇÃO

Sabendo que Deus deseja que vivamos em paz com todos, ore por alguém que você já tenha julgado com os olhos da carne. O desafio é interceder por todas as pessoas, pedindo a Deus que as abençoe e transforme seus corações.

## 26° encontro

# Mentira

A mentira era o combustível que corria em minhas veias. Nenhuma conversa, nenhum relacionamento era inteiramente verdadeiro — sempre existia uma ponta solta ligada a uma "inverdade". Toda meia-verdade, contada fora de contexto, continua sendo mentira. Aquele 1% que contamina todo o resto.

Mas a mentira incrementava a reputação, melhorava o convívio social. E eu não estava sozinho nessa escravidão: havia aprendido com meu pai, que aprendeu com o pai dele... A árvore genealógica estava marcada por mentiras.

Como quebrar esse ciclo vicioso? Olhava para essa árvore e via apenas o caos. "Mentir é normal", eles dizem. Mas o inferno aguarda aqueles que assim acreditam.

Misericórdia!

Nunca deixaremos de servir a um deus. Nos tornamos escravos daqueles a quem obedecemos. **Escravos de Cristo ou servos das mentiras dos homens?**

Escolhi ser escravo e servo do Deus vivo, que verdadeiramente nos liberta do pecado. E quanto ao passado e aos antepassados de mentiras, só me resta pedir perdão por aqueles que não conheceram a verdade que hoje conheço.

**Provérbios 12:22**: "O Senhor odeia os lábios mentirosos, mas se deleita com os que falam a verdade".

**1Coríntios 7:22-23**: "Pois o escravo, chamado no Senhor, é um liberto no Senhor. De igual modo, quem era o homem livre quando foi chamado é um escravo de Cristo. Fostes comprados por um alto preço, não vos torneis escravos de homens".

# orAÇÃO

Leve à Presença de Deus em oração todos os seus familiares e amigos que ainda não conhecem o Senhor, intercedendo pela salvação deles.

**Ore:** Senhor, perdoa-me por todas as mentiras que um dia saíram da minha boca, sejam elas ditas consciente ou inconscientemente. Purifica meu coração e torna minhas mãos limpas diante de Ti, assim como Tua Palavra diz em Salmo 51:10: "Cria em mim, ó Deus, um coração puro e renova em mim um espírito reto". Amém!

Oro também por aqueles que vieram antes de mim — meus pais, avós e todas as gerações passadas. Que toda maldição e comportamento herdado por sangue sejam quebrados agora, em nome de Jesus. Que nada do passado tenha poder sobre minha vida e minha descendência, assim como Tua Palavra diz em Gálatas 3:13-14: “Cristo nos resgatou da maldição da lei, fazendo-se maldição em nosso lugar; pois está escrito: Maldito todo aquele que for pendurado no madeiro, para que a bênção de Abraão chegasse aos gentios em Cristo Jesus, a fim de que recebêssemos, pela fé, a promessa do Espírito”. Amém!

Senhor, restaura tudo o que esses pecados roubaram e transforma em bênção aquilo que um dia foi maldição. Que o Teu sangue poderoso cubra e purifique toda essa multidão de pecados, trazendo libertação e renovação completa. Assim como Tua Palavra diz em João 8:36: “E, se o Filho vos libertar, verdadeiramente sereis livres”. Amém!

## 27º encontro

# Falsa doutrina

Ninguém sabe de onde ele vem e para onde vai. É livre, tão livre que ninguém o prende. Passa pelos dedos como a água, mas não limpa nem purifica.

Os meninos são carregados por ele, levados de um lado para outro, sem destino, sem rumo e sem pai. O vento da falsa doutrina tenta destronar o verdadeiro Rei, colocando em Seu lugar bobos da corte e mágicos que tiram heresias da cartola. São ovacionados pelo público sedento por mentiras.

Eles não querem a verdade. Ela confronta, tira da zona de conforto e os faz encarar a podridão do homem carnal. **A porta continua sendo estreita. Nada mudou.** Mesmo que essa doutrina, criada por homens sem Deus, tente alargá-la à força.

Enquanto houver meninos na plateia, ela sempre existirá. Porém, os filhos maduros continuarão resistentes até o fim, pois o vento da falsa doutrina não carrega quem escolhe carregar a espada da verdade: a Palavra de Deus.

**Efésios 4:14:** "O propósito é que não sejamos mais como crianças, levados de um lado para outro pelas ondas, nem jogados para cá e para lá por todo vento de doutrina e pela astúcia e esperteza de homens que induzem ao erro".

**Mateus 7:13-14:** "Entrem pela porta estreita, pois larga é a porta, e amplo o caminho que leva à perdição, e são muitos os que entram por ela. Como é estreita a porta, e apertado o caminho que leva à vida! São poucos os que a encontram".

**Hebreus 5:14:** "Mas o alimento sólido é para os adultos, os quais, pelo exercício constante, tornaram-se aptos para discernir tanto o bem quanto o mal".

# orAÇÃO

Encorajamos você a se comprometer a ler a Bíblia inteira, de Gênesis a Apocalipse, ao menos uma vez por ano. Assim, você fortalecerá sua fé, crescerá no conhecimento da Palavra de Deus e não será levado por qualquer vento de doutrina, mas permanecerá firmemente enraizado na verdade.

**Comece hoje!**

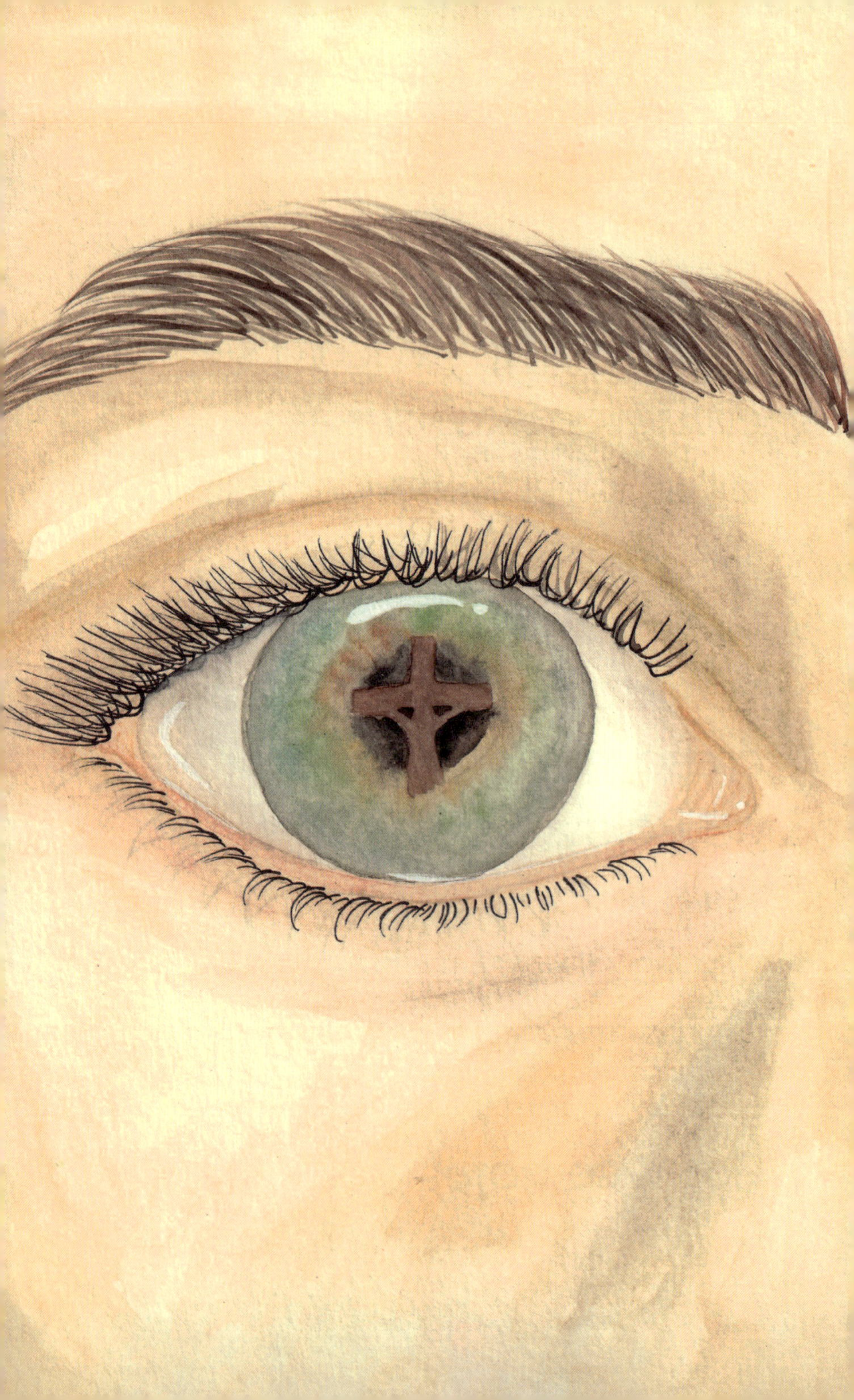

## 28° encontro

# Alma

Ela é o sopro do Criador, trazendo vida ao que antes estava morto. Mas será que temos usado essa dádiva divina com sabedoria? Quando a alma se mistura com a carne, nasce um conflito perigoso. A carne não se converte e trava uma batalha constante contra o Espírito que Deus soprou em nós.

Há dias em que ela grita com saudade das aventuras do velho homem. Em outros, clama: "Bendize, ó minha alma, ao Senhor, e tudo o que há em mim bendiga ao Seu santo nome".

Se os olhos são janelas por onde entra a luz, devemos vigiar o que tem entrado por meio deles.

Céu ou inferno. Nossas decisões nos direcionarão para onde nossa alma irá morar: **descanso ou tormento eterno**.

**Gálatas 5:17**: "Pois a carne deseja o que é contrário ao Espírito, e o Espírito, o que é contrário à carne. Eles estão em conflito um com o outro, de modo que vocês não fazem o que desejam".

**Mateus 6:22-23**: "Os olhos são a lâmpada do corpo. Se os seus olhos forem bons, todo o seu corpo será cheio de luz. Mas, se os seus olhos forem maus, todo o seu corpo será cheio de trevas".

# orAÇÃO

Comprometa-se a guardar seus olhos de tudo o que é impuro e não edifica sua alma e seu espírito. Que sua visão esteja voltada para aquilo que glorifica a Deus e fortalece sua fé.

29° encontro

# Fim

Ele estava lá antes da primeira gota cair dos céus. Era o vento forte que soprava entre as árvores, anunciando a tempestade. Era a água que jorrava quando abriram as fundações.

Os olhos atônitos dos velhos homens não sabiam o que estava por vir, mas a dureza de seus corações os impedia de enxergar. As mulheres realizavam o seu maior sonho, porém, não estavam de branco, pois ali não existia mais pureza.

Os gigantes venciam as batalhas, e as cabeças dos seus inimigos eram os seus troféus. Dois estavam juntos e apenas um subiu. Os que restaram tiveram o fôlego de vida tirado.

Mas, logo após todo o furor do Criador, vem a aliança que unirá tudo para sempre. Unirá e reinará.

Um conto sobre trombetas, selos e taças. Não sobre a arca.

**João 1:1**: "No princípio era o Verbo, e o Verbo estava com Deus, e o Verbo era Deus".

**Mateus 25:13**: "Vigiai, pois, não sabeis o dia e nem a hora".

# orAÇÃO

Clame a Deus por um coração cheio de temor. Peça também um profundo e verdadeiro anseio pela volta de Jesus, para que sua vida seja marcada pela espera e pelo desejo sincero de estar na Sua presença para sempre.

30º encontro

# Tribunal

O homem que se considera sem pecado já está imerso nele. Não podemos permitir que nosso coração se encha de orgulho, assim como os dos homens que, um dia, crucificaram o Cordeiro. Para eles, as regras da lei se sobrepunham Àquele que as criara.

Não é mais importante o homem, feito pela mão do Criador e dotado de Espírito vivo, do que as obras mortas feitas pelas mãos dos homens?

A arrogância precede a queda, e o orgulho leva à ruína.

**"Ai daquele que fizer um dos meus pequeninos pecar."**

**"Pai, perdoai-os, pois não sabem o que fazem."**

Orações sinceras são levantadas por um genuíno arrependimento. Todos compareceremos ao tribunal de Deus. Até lá, que seja guardado o nosso coração.

**Romanos 3:23**: "Porque todos pecaram e destituídos estão da glória de Deus".

**1João 1:8**: "Se dissermos que não temos pecado nenhum, a nós mesmos nos enganamos, e a verdade não está em nós".

**Provérbios 16:18-33**: "O orgulho leva a pessoa à destruição, e a vaidade faz cair na desgraça. É melhor ter um espírito humilde e estar junto com os pobres do que participar das riquezas dos orgulhosos".

# orAÇÃO

Ore e peça perdão a Deus por todo orgulho e altivez que ainda possam existir em seu coração. Arrependa-se sinceramente e peça a Ele um coração humilde, contrito e disposto a servir com amor, refletindo a humildade de Cristo em sua vida.

## 31º encontro

# Ordem

A ordem é sempre clara:

— Saia da sua parentela —, mas Abraão levou Ló.

— Não olhem para trás — mas a mulher voltou os olhos para o pecado. O sal foi seu fim.

**A obediência pela metade é desobediência.** Nem sempre, sentimos o gosto imediato das consequências, mas elas estão lá, como dinamite prestes a explodir. Toda desobediência tem seu fim.

Se toda ordem é clara e as consequências são certas, por que insistir em não cumpri-las?

A última ordem foi dada:

**— IDE.**

**1Samuel 15:22**: "Samuel, porém, respondeu: 'Acaso tem o Senhor tanto prazer em holocaustos e em sacrifícios quanto em que se obedeça à sua Palavra? A obediência é melhor do que o sacrifício, e a submissão é melhor do que a gordura de carneiros'".

**Mateus 28:19**: "Ide, portanto, fazei discípulos de todas as nações, batizando-os em nome do Pai, e do Filho, e do Espírito Santo".

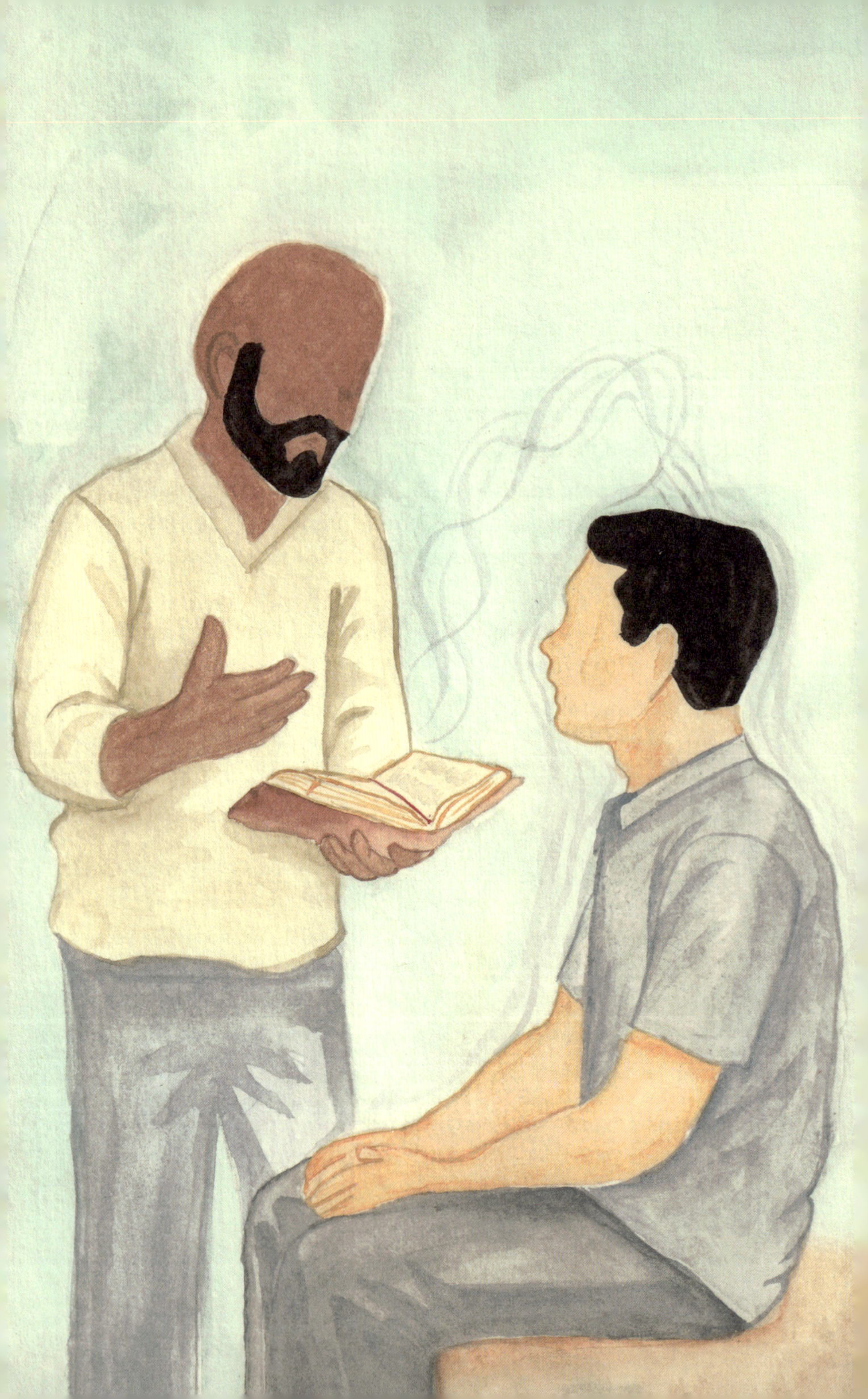

# orAÇÃO

Ore a Deus e Lhe peça para trazer à sua mente o nome de alguém com quem você possa compartilhar uma experiência transformadora vivida com Ele. Dê testemunho de como Ele mudou sua vida. Se ainda não experimentou algo sobrenatural, clame ao Senhor por um encontro profundo com Ele, para ter sua própria história de fé.

## 32º encontro

# Perseguidos

Marretas quebravam o que restava da parede. Via-se um pouco do colorido da tinta misturado aos destroços. A comunidade se aproximava aos poucos, cautelosa, evitando chamar a atenção. Havia papéis queimados, cadeiras quebradas... e uma lousa rabiscada, onde ainda se lia:

> "O zelo da tua casa
> me consumirá".

Rebeca, de apenas 10 anos, se agarrava ao pai. Os olhos arregalados revelavam sua pergunta muda: quando será o próximo ataque? Quem seriam as próximas vítimas?

Será que algum deles acabaria lançado à cova dos leões, como nos tempos antigos?

— Encontrei!

O grito fez todos correrem.

Do meio dos escombros, um velho surgiu, coberto de pó, as mãos trêmulas segurando algo com cuidado.

— Está intacta!

Por um instante, o silêncio. Então, um cântico rompeu o ar. Primeiro um sussurro, depois vozes que se uniam, crescendo como um coro de esperança:

"Digno é o Senhor, Rei de toda a terra.

Poderosa é a tua mão, ó Senhor dos Exércitos.

Santo, Santo, Santo és tu.

Poderosa é Tua Palavra escrita com a tua mão, ó Senhor".

Giravam e dançavam sobre os destroços, pois haviam encontrado a única Bíblia que tinham. A alegria e a certeza da salvação os mantinham vivos.

Queimaram o templo, mas a Palavra estava intacta. Eles tinham a convicção de que serviam ao Deus vivo, Fogo Consumidor.

Um conto sobre a Igreja perseguida.

**João 16:33**: "Eu lhes disse essas coisas para que em mim vocês tenham paz. Neste mundo vocês terão aflições; contudo, tenham ânimo! Eu venci o mundo".

**Salmos 23:4**: "Mesmo quando eu andar por um vale de trevas e morte, não temerei perigo algum, pois tu estás comigo; a tua vara e o teu cajado me protegem".

**Mateus 24:35**: "O céu e a terra passarão, mas as minhas palavras jamais passarão".

# orAÇÃO

Ore e interceda pela Igreja Perseguida, pelos irmãos e irmãs que enfrentam perseguição por seguirem a Jesus.

A Portas Abertas é uma organização cristã internacional que atua em mais de 60 países apoiando cristãos perseguidos por seguirem a Jesus.
É interdenominacional e não está ligada a nenhuma igreja.

Acesse o site: www.portasabertas.org.br

33º encontro

# Serviço

Joana, 65 anos. Quarenta anos de ministério. Sempre a primeira a entrar. Varria a igreja, enfeitava tudo com zelo, como se servisse ao próprio Rei. Sempre a última a sair, fechava a porta e apagava as luzes. Casada, mãe de três filhos. Todos servos, todos envolvidos na obra.

Louvor alto o dia inteiro para livrar os espíritos maus. A Bíblia sempre aberta no Salmo 91. Estava cansada. Mas sua longa saia já estava engomada, o cabelo bem penteado. Apressava-se, pois abriria o templo mais cedo para varrer.

**"Eu não a conheço."**

Assustada com a voz, correu para ver quem era. Porém, a casa estava vazia.

— Oh, Senhor Deus Altíssimo, não permita que me façam mal! — suplicou, caindo de joelhos.

**"Marta, Marta... estás cansada. Fazes tudo para me servir, mas não sentas à mesa comigo. Entregas-me o pão, mas logo após viras as costas. Não te embriagas mais do Espírito, não te deleitas na minha presença."**

Joana prostrou-se com o rosto em terra.

**"Por que guardaste a fé? Eu não te conheço mais."**

Então, lembrou-se. Lembrou-se da paixão da mocidade. Do fervor ao falar do Rei. Do amor que testemunhava Seu poderoso nome. Agora, seu coração estava endurecido, concordou que estava afastada do Deus Altíssimo, mesmo sendo a primeira a entrar e a última a sair. Os julgamentos haviam tomado o lugar da compaixão. A obediência mecânica substituíra a misericórdia. Pertencia à igreja, mas não pertencia à presença.

— Perdoa-me, Senhor, perdoa-me! Eu preciso voltar a Ti.

**"O relacionamento vem antes do serviço."**

E com Sua imensa bondade, o Senhor a recebeu de volta, mesmo depois de ela ter estado tão distante.

**Isaías 29:13**: "O Senhor diz: 'Esse povo se aproxima de mim com a boca e me honra com os lábios, mas o seu coração está longe de mim'".

**Joel 2:13**: "Rasguem o coração, e não as vestes. Voltem-se para o Senhor, o seu Deus, pois ele é misericordioso e compassivo, muito paciente e cheio de amor; arrepende-se, e não envia a desgraça".

**Lucas 10:41-42**: "Marta, Marta, estás ansiosa e afadigada com muitas coisas, mas uma só é necessária; e Maria escolheu a boa parte, que não lhe será tirada".

# orAÇÃO

Este livro desafia você a firmar um compromisso com Deus, estabelecendo um horário diário para buscá-Lo no Lugar Secreto.

**Ore**: Perdoa-me, Senhor, por todas as vezes em que me deixei ocupar com tantas coisas e negligenciei estar na Tua presença. Enchi meus dias com afazeres e preocupações, mas não separei tempo para estar Contigo. Ensina-me a remir o tempo e a colocar-Te como minha maior prioridade, pois nada é mais importante do que estar aos Teus pés, assim como Tua Palavra diz em Mateus 6:33: "Mas, buscai primeiro o Seu reino e a Sua justiça". Amém!

34º encontro

# Lugar Secreto

Acordo atrasado mais uma vez. Não dá tempo de dar beijos nas crianças, muito menos de me despedir do meu amor. Transporte público lotado, trânsito que parece não ter fim. Chego ao trabalho pedindo desculpas ao chefe e prometendo, mais uma vez, que isso não se repetirá. Os estresses do dia já me aguardam.

"Em tudo o que fizerem, trabalhem com bom ânimo, como se fosse para o Senhor, não para os homens," repito incessantemente, tentando fazer essa verdade entrar em meu coração.

Hoje decidiram testar minha bondade e fé. Sem café, cheio de problemas, papelada acumulada, almoço fora de hora.

Fim do dia. Uma mensagem avisa que o gás acabou e que o leite está no fim. Trânsito e transporte lotado novamente.

— Que dia ruim... — murmuro.

Ao chegar, beijo meu amor, abraço as crianças e corro para o chuveiro.

"Boletos, contas, mensalidade, fim de mês..."

A pressão pesa sobre os ombros.

Corro novamente, mas desta vez, para os braços do meu Pai.

— Meu socorro vem do Senhor! — digo já prostrado no meu quarto. — Perdão, Pai, pelos dias que passei sem orar.

No Lugar Secreto, o externo não esgota, o interno não cobra, e as pressões se dissolvem.

**Só há Ele. Apenas Ele.**

Aos poucos, a porta se abre. Os tesouros e heranças que Ele me deu se juntam a mim. Com a família reunida, a pressão se transforma em gratidão.

— Eu e minha casa serviremos ao Senhor!

Agora sim, com o coração cheio de Deus, estou pronto para encarar qualquer dia ruim.

**Colossenses 3:23-24**: "Tudo o que fizerem, façam de todo o coração, como para o Senhor, e não para os homens, sabendo que receberão do Senhor a recompensa da herança. É a Cristo, o Senhor, que vocês estão servindo".

**Isaías 40:29-31**: "Ele fortalece o cansado e dá grande vigor ao que está sem forças... Mas aqueles que esperam no Senhor renovam as suas forças".

**1Tessalonicenses 5:18**: "Deem graças em todas as circunstâncias, pois esta é a vontade de Deus para vocês em Cristo Jesus".

# orAÇÃO

Comprometa-se a não murmurar diante das circunstâncias. Faça um propósito com o Senhor: cultivar um coração grato, escolhendo agradecer em todas as situações, confiando que Ele está no controle de tudo.

35° encontro

# Jovem

O jovem corria descalço, vestindo apenas panos de saco. Corria para fora da cidade, mas a multidão o impedia. Havia gente por toda a parte. Olhares curiosos fitavam o centro, onde um homem estava coberto de sangue. Alguns já haviam comido pão com Ele. Outros receberam peixes de Suas mãos.

Mas agora, o homem estava só. Carregava o madeiro com as poucas forças que ainda Lhe restavam.

O jovem se espremia entre a multidão, empurrava quem podia porque precisava ver de perto. Então, olhou para o rosto dEle. Os espinhos cravados esmagavam Sua cabeça, pedaços da barba haviam sido arrancados. O sangue cobria tudo.

— Rabi — sussurrou o jovem, tão baixo que ninguém ouviu. Mas o Mestre ouviu. E olhou para ele. Os olhares dos dois se encontraram. O Mestre viu a roupa de panos de saco e sorriu suavemente.

O jovem entendeu, parou e deixou a multidão seguir.

Aquele sorriso bastava. Aquele olhar bastava. **Só Ele bastava.**

— Vendi tudo o que tinha, Rabi. Segui Seu conselho.

O jovem, que um dia possuíra muitas riquezas, seguia agora em paz, na certeza da própria salvação.

**Hebreus 12:2**: "Fixemos os olhos em Jesus, autor e consumador da nossa fé, o qual, pela alegria que lhe fora proposta, suportou a cruz, desprezando a vergonha, e assentou-se à direita do trono de Deus"

**1Crônicas 21:24**: "O rei Davi, porém, respondeu a Araúna: 'Não! Faço questão de pagar o preço justo. Não darei ao Senhor aquilo que pertence a você, nem oferecerei um holocausto que não me custe nada'".

# orAÇÃO

Este livro desafia você a ofertar a Deus algo que lhe custe. Ore e abra seu coração diante do Senhor, declarando sua disposição de entregar tudo a Ele, inclusive seus bens, sonhos e planos. Pergunte a Deus com sinceridade o que precisa ser ofertado e esteja pronto para obedecer.

## 36º encontro

# José

Os trabalhadores cavavam sob o sol escaldante. O pai e os filhos, suados e determinados. A terra estava seca há dias.

— Continuem, continuem escavando, meus filhos — disse Jacó, enxugando o suor do rosto.

Os onze filhos cercavam o buraco quando, enfim, a água brotou. Era sempre assim. Cavavam poços, como Isaque, seu avô, havia lhes ensinado.

Seguiram-se dias de festa: carneiros e bodes assados, especiarias e um bom vinho. E a água, pura e abundante, vinda do poço cavado na rocha.

Mas, no coração do pai, havia uma ausência. Uma dor silenciosa. A saudade de um filho que nunca voltou.

José.

Os anos passaram. Viajantes bebiam daquela água, matavam a sede de seus animais. E para os moradores de Samaria sempre havia água disponível.

— Abraão, Isaque e Jacó. Esse é o poço do nosso pai Jacó — disse a pequena criança, inclinando-se sobre a borda para espiar o fundo.

— Foi aqui que encontrei o filho de José... — respondeu a mãe, lançando o cântaro ao poço.

O menino franziu a testa.

— Mas José não era o governador do Egito, mãe?

Ela sorriu.

— Falo de outro José, meu filho. Um homem corajoso e valente, descendente de Davi. Casou-se com uma mulher que estava grávida... e ainda era virgem.

O cântaro encheu, e a mãe puxou a corda com calma.

— Pai, aqui na terra, do Messias prometido( ele era pai aqui na terra do Messias )

O menino a olhou, intrigado.

— Pai do Cristo?

— Sim! Só um homem com grande fé poderia confiar na promessa de Deus, acreditar no invisível e cumprir seu propósito até o fim.

Ela fixou os olhos no filho.

— Então tenha a mesma fé e coragem de José, o pai do Cristo.

A criança ajudou a erguer o cântaro cheio.

— Quem contou essa história, mamãe?

A mulher olhou para a superfície da água, onde o reflexo dançava sob a luz.

— O filho de José. O Filho de Deus.

O menino arregalou os olhos.

— Jesus...

Ele sussurrou o nome, reconhecendo de quem a mãe falava. Afinal, anos antes, Ele estivera ali. Pessoas de Samaria haviam sido transformadas e salvas por Ele.

— Abraão, Isaque, Jacó... José e Jesus — continuou ele a sussurrar.

A mulher samaritana e seu filho retornaram à cidade com os cântaros cheios. Enquanto caminhavam, ela lhe ensinava sobre a fé do pai e a obediência do Filho. O Cristo.

**Isaías 29:13:** "O Senhor diz: 'Esse povo se aproxima de mim com a boca e me honra com os lábios, mas o seu coração está longe de mim'".

**Joel 2:13**: "Rasguem o coração, e não as vestes. Voltem-se para o Senhor, o seu Deus, pois ele é misericordioso e compassivo, muito paciente e cheio de amor; arrepende-se, e não envia a desgraça".

**Lucas 10:41-42**: "Marta, Marta, estás ansiosa e afadigada com muitas coisas, mas uma só é necessária; e Maria escolheu a boa parte, que não lhe será tirada".

# orAÇÃO

Este livro desafia você a firmar um compromisso de amor e obediência a Deus, para que não apenas a sua vida seja transformada, mas também toda a sua descendência. Que sua família seja abençoada e impactada pelo Senhor, reconhecendo o Seu senhorio de geração em geração. Pois essa é a promessa de Deus: Ele abençoa aqueles que O amam e a Ele obedecem.

## 37º encontro

# Milagre

Era como se a noite não tivesse fim. A escuridão parecia eterna. Não havia diferença entre as horas, apenas o calor do sol queimando sua pele. O resto era tudo escuridão.

Mais uma vez, foi levado ao tanque na esperança de ser curado. Naquele dia, algo parecia diferente. Ouviu o alvoroço ao longe e logo pensou: "Perdi a hora. O anjo agitou as águas, e alguém foi curado".

Um paralítico havia ficado de pé e começado a andar. Ele voltou com a mesma frustração de sempre, ainda carregando a esperança de um dia enxergar a luz do sol que queimava sua pele.

No caminho, foi surpreendido por pessoas dizendo que, desta vez, não fora um anjo que passara, mas um homem.

— Não é possível! — exclamou. — Nenhum homem teria tal poder.

Sua vida se dividiu entre a esperança e os rumores sobre o paradeiro do tal homem que curava. No entanto, nunca conseguiu encontrá-lo devido às suas condições. O mais próximo que chegou foi no dia em que recebeu pão e peixes distribuídos por aquele homem. .

— Deve ser um homem rico, com muitas posses, para doar comida assim.

Mas, devido à multidão que o seguia, seria impossível chegar perto dele e, quem sabe, receber um milagre tão grande quanto o do paralítico no tanque.

Certo dia, ao meio-dia, quando o sol estava a pino, decidiu banhar-se em outro tanque da cidade, sempre com a ajuda de alguém, já que só via escuridão. Enquanto estava ali, ouviu homens se aproximando, mas não reconheceu as vozes — exceto uma, que lhe parecia familiar.

"O homem de posses que dá pães e peixes", pensou.

O homem aproximou-se, e ele sentiu algo quente tocando seus olhos. Era como uma brasa viva, queimando. Seguindo o conselho daquele homem, lavou-se novamente.

Ao sair, o sol queimava seus olhos. Pela primeira vez, a luz entrava.

— *Yahweh* — suspirou ele de alívio, entendendo que fora curado. — **Eu era cego, e agora vejo.**

Olhou para o lodo que o homem havia misturado com saliva e entendeu: ele era o barro. Fora curado pelas mãos do Oleiro.

**João 5:2-4:** "Ora, existe ali, junto à Porta das Ovelhas, um tanque, chamado em hebraico Betesda, o qual tem cinco pavilhões. Nestes, jazia uma multidão de enfermos, cegos, coxos, paralíticos [esperando que se movesse a água. Porquanto um anjo descia em certo tempo, agitando-a; e o primeiro que entrasse no tanque, uma vez agitada a água, sarava de qualquer doença que tivesse]".

**Salmos 40:1:** "Coloquei toda a minha esperança no Senhor; ele se inclinou para mim e ouviu o meu grito de socorro".

**João 9:6-7:** "Dito isso, cuspiu no chão, misturou terra com saliva e aplicou-a aos olhos do homem. Então lhe disse: 'Vá lavar-se no tanque de Siloé'. O homem foi, lavou-se e voltou vendo".

# orAÇÃO

Este livro desafia você a orar por alguém que esteja enfermo, impondo as mãos sobre essa pessoa e clamando pela cura.

**Ore com fé:** Eu declaro cura e ordeno que toda enfermidade saia agora, na autoridade do nome de Jesus, assim como Tua Palavra diz em Isaías 53:4: "Certamente, Ele tomou sobre Si as nossas enfermidades e as nossas dores levou sobre Si". Amém!

Lembre-se de que não é por seu poder, mas pelo poder do Sangue e do Nome de Jesus que a cura acontece. Confie, pois o Senhor ouve e responde às nossas orações.

## 38º encontro

# Criador

Com o Seu "Haja", a luz se fez. A imensidão do universo e os abismos dos oceanos nasceram apenas com Sua voz. Vestiu os lírios do campo com vestidos rodados, pintou as asas das borboletas, esculpiu cada montanha.

Ele é grandioso e detalhista. Dos Seus pulmões sopram todos os ventos da terra, e as mais distantes galáxias revelam a imensidão de Suas mãos.

Nas profundezas do mar, Ele esconde mistérios: criaturas jamais vistas. Monstros desconhecidos. Espécies que só Ele conhece. Mas Ele ama ver Seus filhos explorando, descobrindo e admirando tudo o que fez.

Contudo, apesar de ter criado toda a imensidão do universo e os segredos dos oceanos, Seu maior desejo sempre foi o mesmo: estar com sua melhor criação: **os filhos.**

**Salmos 33:6**: "Mediante a Palavra do Senhor foram feitos os céus, e os corpos celestes, pelo sopro de sua boca".

**Salmos 8:4-5**: "Que é o homem, para que com ele te importes? E o filho do homem, para que com ele te preocupes? Tu o fizeste um pouco menor do que os seres celestiais e o coroaste de glória e de honra".

**Salmos 139:14**: "Eu te louvo porque me fizeste de modo especial e admirável. Tuas obras são maravilhosas!"

# orAÇÃO

Este livro desafia você a parar e contemplar a beleza da criação de Deus. Se possível, visite uma praia ou ande descalço na grama, permitindo-se sentir a conexão com a natureza. Agradeça a Deus por fazer parte de tão maravilhosa criação e por Ele nos permitir testemunhar Sua grandeza em cada detalhe do mundo ao nosso redor.

39º encontro

# Maranata

Naquele dia, a fumaça dos sacrifícios cessará. Nenhum cordeiro precisará ser morto.

Naquele dia, um silêncio profundo pairará sobre a terra. Um silêncio terrível e sagrado. Joelhos que antes eram firmes e retos encontrarão seu destino: o chão. Os fundamentos da terra se abalarão, e as montanhas parecerão pequenas diante da grande Glória. Nada assim jamais foi visto, desde o primeiro "Haja" até o último amanhecer. Nada mais importará.

Naquele dia, toda a riqueza — ouro, prata, pedras preciosas —, tudo aquilo que por anos foi motivo de guerra e cobiça se tornará refugo. Uma imensidão de nada.

Línguas que antes zombavam se destravarão e olhos, antes cegos, se arregalarão.

Então, Ele descerá. O Filho do Homem, que um dia veio como Cordeiro, voltará como Leão. Seus olhos serão como chamas de fogo. Rei dos reis, Senhor dos senhores.

Não haverá refúgio. Na mais alta montanha, O verão. No mais profundo abismo, O contemplarão. Nenhum palácio permanecerá de pé. Nenhum exército resistirá. Todo rei da terra se curvará.

Naquele dia, verão que os loucos estavam certos e os sábios, errados. Os filhos subirão e os incrédulos serão julgados. Com grande poder e Glória, naquele dia Ele voltará.

**Maranata.**

**Filipenses 2:10-11:** "Para que ao Nome de Jesus se dobre todo joelho, nos céus, na terra e debaixo da terra, e toda língua confesse que Jesus Cristo é o Senhor, para a glória de Deus Pai".

**Isaías 40:4-5**: "Todo vale será levantado, todo monte e colina se abaixarão; o que é tortuoso será retificado, o terreno acidentado se aplainará. A glória do Senhor será revelada, e, juntos, todos a verão".

**Apocalipse 22:20**: "Aquele que dá testemunho destas coisas diz: 'Sim, venho em breve!' Amém. Vem, Senhor Jesus!"

# orAÇÃO

Peça ao Senhor que coloque em seu coração uma alegria genuína pela Sua volta. Se, por acaso, isso gerar medo ou angústia, vá diante d'Ele com sinceridade, confesse seus sentimentos e peça que Ele transforme o medo em esperança. Como um Pai amoroso, Ele ouvirá sua oração e trará paz a seu coração.

**Ore**: Senhor, que a Tua volta seja a maior alegria do meu coração e o anseio da minha alma todos os dias. Que minha vida aqui na terra seja um instrumento para apressar a Tua vinda, vivendo para a Tua glória. Maranata! Oh Senhor, vem!, assim como Tua Palavra diz em Apocalipse 22:20: "Aquele que dá testemunho destas coisas diz: 'Certamente, venho sem demora, amém'. Ora vem, Senhor Jesus!". Amém!

## 40° encontro

# YHWH

Santo. Puro. Justo Juiz. Torre Forte. Deus dos Exércitos.

Soberano.

Aquele que me teceu no ventre da minha mãe, quando eu ainda era substância informe.

Toda a criação proclama o Seu poderoso Nome.

Das águas calmas de um riacho, que sussurram ao tocar a rocha,

À mais furiosa tempestade que ruge nos oceanos.

Das andorinhas, sustentadas pelo Teu cuidado,

Ao bater as asas do gavião na mais alta montanha.

**Elohim. Adonai. Shaddai. Jireh. Javé**.

Aquele que me tirou do lamaçal do pecado

E me fez sentar à mesa como filho.

Como renunciar aquilo que nunca nos pertenceu?

Somos apenas mordomos. Nada temos. Tudo é Teu.

Ah, Aba, que nos amou primeiro...

Este livro foi escrito por Ti e para Ti.

Eternamente Digno.

YAHWEH

# orAÇÃO

**Ore:** "Pai, meu SENHOR, meu maior amor, mesmo sendo tão grande e poderoso, paraste e escutaste a minha voz. Chamaste-me para sentar à mesa. Sou grato pelo sacrifício do meu Senhor Jesus, que restaurou o nosso relacionamento. Sou grato pelo meu melhor amigo, o Espírito Santo, companheiro fiel de todos os dias. Yahweh, Paizinho, eis-me aqui, voluntariamente, para fazer a Tua vontade. Usa-me como instrumento em Tuas mãos. Conta-me os Teus segredos mais íntimos e faz-me ser uma pessoa segundo o Teu coração. Amém!

# O 41 sempre chega!

O povo de Israel peregrinou 40 anos no deserto. No 41º ano, entrou na Terra Prometida. O dilúvio durou 40 dias e 40 noites. No 41º dia, as águas começaram a baixar. Elias caminhou 40 dias fugindo de Jezabel. No 41º dia, Deus lhe falou em uma brisa suave. Golias desafiou Israel por 40 dias até que, no 41º dia, Davi apareceu e o derrotou.

Jesus passou 40 dias no deserto, no 41º dia, Ele saiu.

O capítulo 41 traz um novo tempo, uma virada e um cumprimento dos propósitos de Deus.

**O 41 sempre chega!**

## O capítulo 41 será escrito por você!

Aponte a câmera do celular e nos conte
sua experiência com Yahweh lendo este livro.

FINALIZO ESTE LIVRO COM A
CONVICÇÃO DE QUE SOMOS
TÃO AMADOS POR DEUS.
NADA É MAIS IMPORTANTE DO
QUE ESTAR NO COLO DO NOSSO
PAI, OUVINDO SUAS HISTÓRIAS
E SENTINDO SEU CORAÇÃO.

SE VOCÊ AINDA NÃO O CONHECE,
ENTREGUE-SE A ELE.

SE ESTÁ AFASTADO,
VOLTE PARA CASA.

SE ESTÁ FRIO,
VOLTE PARA O LUGAR SECRETO.

SE ESTÁ FIRME,
CONVERTA-SE TODOS OS DIAS.

E, SE ASSIM COMO EU,
É UM SIMPLES HOMEM QUE
UM DIA ESTAVA PERDIDO
E AGORA FOI ENCONTRADO,
APENAS OBEDEÇA E PERMANEÇA.

YAHWEH

Esta obra foi composta em Source Serif 10.5/14 e Citrine Variable 9/14
e impressa em avena 80g
para a **Parábola Editorial** em abril de 2025.

**Impressão e acabamento:**
Gráfica Printi